BERNHARD BERGBAUER

Der Geburtsherrscher im Horoskop

Standardwerke der Astrologie

BERNHARD BERGBAUER

Der Geburtsherrscher im Horoskop

Kompass der Seele

Für Sandra.
Mehr als gestern, weniger als morgen.

Deutsche Erstausgabe
1. Auflage 2008

Die Horoskopgrafiken wurden mit Mercurius 1.5. erstellt

Umschlag: Walter Schneider unter Verwendung des Bildes
»Elementenwelt – Geisterwelt – Urbilderwelt«
von Jan Sadeler II und Wolfgang Kilian, 1651

Die Planeten-Vignetten stammen aus »Der teutsch Kalender
mit den figure gedruckt zu Ulm 1498

Druck: Finidr, Český Těšín

Zu beziehen über den Buchhandel oder direkt beim
Chiron Verlag, Postfach 1250, D-72002 Tübingen
www. chironverlag.com

ISBN 978-3-89997-161-3

Inhalt

Vorwort

Dieses Buch soll ein wesentliches Konzept der traditionellen Astrologie vorstellen. Mit den traditionellen Techniken lässt sich das »große Talent«, die »Trumpfkarte« oder auch der »Schutzengel« eines Menschen bestimmen. Es handelt sich hier um den »Geburtsgebieter« oder »Herrscher der Geburt«. Diese Begriffe können aber in die Irre führen, da auch in anderen Konzepten verwendet werden. Daher wird auf die unterschiedlichen Konzepte eingegangen und darauf, welche Auswirkungen sie für die Beratung haben. Es wird sowohl auf die direkte, konkrete und unmittelbare Hilfestellung für die Lebensbewältigung eingegangen als auch auf den Geistig-spirituellen Hintergrund und die zugrunde liegende Kosmologie. Das traditionelle Weltbild basiert auf einer geistig-spirituellen Grundlage, ohne dabei die Auswirkungen in der materiellen Welt zu vernachlässigen. Es unterscheidet sich daher stark von der modernen Weltsicht, die das geistig-spirituelle größtenteils, wenn nicht vollständig, ausschließt und das nicht unmittelbar aus dem Materiellen heraus Erklärbare durch die ebenfalls auf materiellen Kausalitäten beruhende Psychologie abzudecken versucht. Um die traditionellen Techniken zu begreifen, ist es daher nötig, die dazugehörende Weltanschauung zu begreifen.

Der Technikteil erläutert ausführlich verschiedene Berechnungen, so dass auch die Leserinnen und Leser, die bisher noch keine oder wenig Erfahrung mit der traditionellen Astrologie haben, das Vorgestellte anwenden und in ihre Deutungspraxis integrieren können.

Detailliert ausgearbeitete Horoskopbeispiele bringen die Theorie in die Praxis und machen die Techniken greif- und anwendbar.

Grundlage für dieses Buch ist ein Vortrag, den ich im Frühjahr 2007 auf dem zweiten internationalen Kongress zur klassischen Astrologie gehalten habe. Herr Stiehle vom Chiron Verlag hat mich gebeten, das Thema vertieft in Buchform darzustellen. Ich hoffe, es ist mir gelungen.

Mein Dank gilt meiner Familie für ihre immerwährende Unterstützung, meinen Lehrern, Freunden und Kollegen, vor allem John Frawley, Oscar Hofman und Georg van Zanten, und – last but not least – meiner lieben Sandra.

Das geozentrische Weltbild

Die Entwicklungen der modernen Wissenschaft haben uns viele Erkenntnisse und »Wahrheiten« gebracht. Natürlich ist es richtig, dass sich die Sonne im Mittelpunkt unseres Sonnensystems befindet und nicht die Erde, wie die Menschen früher annahmen. Mit dem heliozentrischen Modell lassen sich Phänomene wie die Rückläufigkeit natürlich exakt erklären. Durch Keplers Theorie, dass die Planetenbahnen Ellipsen und keine Kreise beschreiben, können wir exaktere Ephemeriden berechnen. Das ist alles von Vorteil, beschränkt man sich auf die Funktionsweise der materiellen Welt.

Was aber ist Wahrheit? Halten Sie gerade ein Buch in den Händen? Greifbare Materie, feste Substanz? Oder halten Sie in einer gewissen Frequenz umeinander kreisende Atome in der Hand, also eigentlich doch nichts »Festes«, sondern etwas, was sich rasend schnell bewegt und verändert und was Ihr Gehirn als »Buch« interpretiert?

Wir müssen also vorsichtig sein mit dem, was wir als »Wahrheit« bezeichnen. Die wirkliche Wahrheit können wir nicht erfassen, sondern wir müssen mit Interpretationen der Wahrheit leben. Also mit dem, was unser Gehirn aus dem macht, was wir wahrnehmen.

Nun zurück zu unserem geozentrischen Weltbild. Dieses Weltbild ist ein Modell des Universums aus der Sicht des Menschen auf der Erde. Welcher Dichter oder welcher Liebhaber spricht von einer »Erdrotation, die den Winkel zum Zentralgestirn so verändert, dass sich der Lichteinfall dahingehend verändert, dass die dem Zentralgestirn zugewandte Seite des Planeten erleuchtet wird«. Keiner. Jeder Dichter und jeder Liebhaber beschreibt die Schönheit eines Sonnenaufgangs. Denn so stellt es sich uns dar: Nach der langen dunklen Nacht taucht die Sonne am östlichen Horizont auf, beginnt ihren Lauf über den Himmel und bringt uns das lebenspendende Licht.[1] Und dieser Sonnenaufgang, Sonnenuntergang, Mondaufgang oder Monduntergang ist es, der in uns ein Empfinden auslöst. Er ist für uns »wahr«. Während die moderne Wissenschaft unglaubliche Fortschritte im Erkennen und Beschreiben der materiellen Welt gemacht hat und immer noch macht, müssen wir uns die Frage stellen: Bringen uns diese Erkenntnisse auch einen Fortschritt auf unserem spirituellen Weg, auf dem Weg der Vervollkommnung unserer Seele, vorwärts auf dem Weg zurück zur Quelle, zu Gott? Ich bezweifle es sehr.

Schauen wir uns einmal die Planeten an, wie sie im ptolemäischen Weltbild angeordnet sind. Es handelt sich hier um die sogenannte chaldäische Reihe, die sich aus den scheinbaren Umlaufgeschwindigkeiten der Planeten um die Erde herleitet:

♄ ♃ ♂ ☉ ♀ ☿ ☽ ♁

Vom Standpunkt der Erde befindet sich die Sonne – von jeher sichtbares Symbol für Gott – in der Mitte. Das Zentrum in dieser Reihe ist Gott oder die göttliche Energie.

Betrachten wir nun das heute gebräuchliche Modell des Sonnensystems:

♄ ♃ ♂ ♁ ☽ ♀ ☿ ☉

Die Erde befindet sich jetzt in der Mitte der Reihe, zusammen mit ihrem Satelliten, dem Mond. Das Zentrum in diesem System ist die Erde, Symbol für die materielle Welt. Im modernen Weltbild ist nicht mehr das Göttlich-geistige im Zentrum, sondern das Materielle. Das verwundert kaum.

Kurioserweise ist im geozentrischen Weltbild die Sonne, Gott, das Zentrum, auf das wir blicken. Im heliozentrischen Weltbild ist die Erde – der Materialismus – das, worauf wir unseren Blick richten. Da sich die Astrologie mit dem Schicksal des Menschen auf der Erde beschäftigt und folglich aus der Sicht der Erde berechnet werden muss, ist das ptolemäische System hierfür das »geeignete« System und das kopernikanische »ungeeignet«. Heliozentrische Astrologie macht nur Sinn, wenn Sie auf der Sonne wohnen.

Da wir uns hier mit spirituellen, astrologischen Inhalten beschäftigen, bitte ich Sie, das ptolemäische Weltbild nicht als »veraltet« oder gar »falsch« anzusehen, sondern als Modell, das für unseren Zweck besser geeignet ist als das kopernikanische Weltbild.

Ein kosmologisches Modell

Werfen wir nun einen Blick auf die Kosmologie Robert Fludds, dem bedeutendsten hermetischen Philosophen im England des 16. Jahrhunderts:

Aus Gott gehen die drei Welten hervor (Gott = Licht, Feuer):

Die geistige Welt (Himmel im religiösem Sinn) – beherrscht von Engeln und Erzengeln (= Luft)

Die himmlische Welt (Sternenhimmel) – beherrscht durch die sieben Planeten (= Wasser)

Mutter Erde – beherrscht durch die Elemente (= Erde)

Die Elemente sind dabei noch nicht als unsere physischen Elemente Feuer, Luft, Wasser und Erde zu sehen, sondern als geistige Prinzipien. Da unsere Sprache in der materiellen Welt wurzelt, gibt es keine wirklich treffenden Worte für diese vier Urprinzipien. Versucht man Worte zu finden, die sich an diese unaussprechlichen Prinzipien annähern, so kann man die vier Elemente dazu heranziehen.

Vom Ursprung, dem »einen« Gott (göttliche Welt), geht »mens« aus. Man könnte das Wort mit »göttlicher Gedanke« übersetzen. Von Ursprung treibt der göttliche Gedanke in einer Spirale hinab, durch die neun Chöre der Engel (geistige Welt) (wir werden auf diese später noch eingehen), dann über die Sphäre der Fixsterne (Grenze zur himmlischen Welt), durch die Sphären der sieben Planeten (himmlische Welt), durch die vier Elemente der materiellen Welt (jetzt sind es »wirklich«

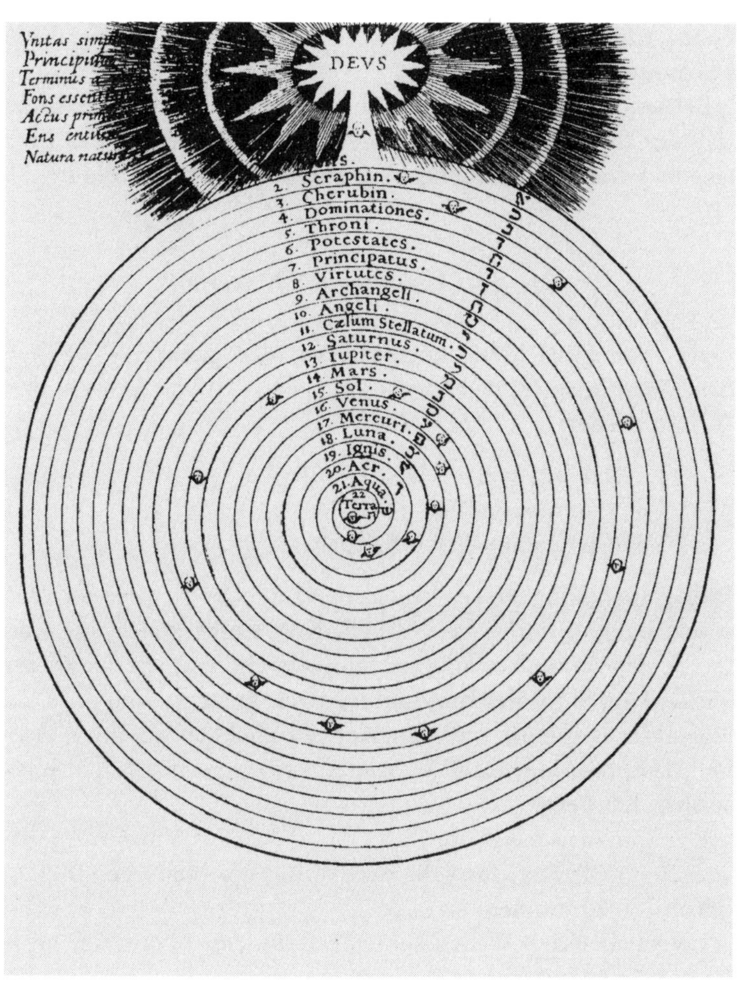
DEVS
2. Seraphin.
3. Cherubin.
4. Dominationes.
5. Throni.
6. Potestates.
7. Principatus.
8. Virtutes.
9. Archangeli.
10. Angeli.
11. Cælum Stellatum.
12. Saturnus.
13. Iupiter.
14. Mars.
15. Sol.
16. Venus.
17. Mercuri.
18. Luna.
19. Ignis.
20. Aer.
21. Aqua
22 Terra

Abb. 1

Feuer, Luft, Wasser und Erde), bis er schließlich auf der Erde ankommt (irdische Welt).

Bei jedem Durchlauf eines Abschnitts der Spirale verdichtet sich der Gedanke immer weiter, bis er schließlich auf der Erde eine materielle Erscheinungsform annimmt (siehe Abbildung 1).

Die drei Welten im Menschen

Geht man vom Makrokosmos, also der gesamten Welt, in den Mikrokosmos, den Menschen, so finden wir dort die drei Welten wieder:

Die geistige Welt – Geist
Die himmlische Welt – Seele
Die elementare Welt – Körper

Wobei hier unter »Geist« nicht der Intellekt zu verstehen ist, sondern der unsterbliche, göttliche Kern unserer Seele: die »reine« Seele, die zur Vervollkommnung strebt. Mit »Seele« ist das »Selbst« im Sinne der Empfindungsseele gemeint, und das Ego: also die individuelle, momentane Persönlichkeit mit ihren Trieben, Empfindungen und so weiter. »Körper« meint den physischen Körper.

Der französische Esoteriker Gérard Analect Vincent Encause, genannt Papus[2], fasst die drei Welten im Menschen folgendermaßen zusammen:

»Wir haben drei Welten kennengelernt: eine obere, eine mittlere und eine untere.

Diese Welten finden ihren Ausdruck im Menschen selbst:

Im Menschen ist

- die obere Welt der Geist, das unsterbliche Wesen, das sich des Nervensystems bedient,
- die mittlere ist das Lebensprinzip, das sich des sympathischen oder vegetativen Nervensystems bedient

– die untere Welt endlich ist der Körper, der Träger und Erneuerer der materiellen Hülle des Menschen.«[3]

Der menschliche Geist wohnt in der Sphäre der Fixsterne. Von dort steigt er durch die sieben Planetensphären nach unten, wobei er sich immer weiter »verdichtet«, indem er die Prinzipien der jeweiligen Planetensphäre in unterschiedlichem Maß und in unterschiedlicher Qualität integriert. Diese Qualitäten bilden dann sowohl die Persönlichkeit als auch die nötigen Ereignisse in der bevorstehenden Inkarnation. Nach der klassischen Vorstellung verhält es sich dann weiter so, dass auf dem Mond ein Stopp eingelegt wird. Dort wartet die Seele bis zum nächsten Voll- oder Neumond, bevor sie durch die sublunare Sphäre endgültig nach unten steigt. Dort nimmt sie die jeweiligen Elemente in der Reihenfolge von »sehr flüchtig« über »flüchtig« und »flüssig« bis »fest« auf, bis sie schließlich physisch auf der Erde inkarniert. Sie durchschreitet erst die Sphäre des Feuers, dann der Luft, dann des Wassers und am Ende der Erde. Die Abbildung 2, ebenfalls von Fludd, illustriert dies sehr schön. Es sind noch zwei Engelschöre mit abgebildet. Außerdem sehen wir die »reinen Seelen«, die auf ihre Geburt warten, als Säuglinge in der Sphäre der Fixsterne und den Abstieg durch die einzelnen Sphären. Die Elemente Wasser und Erde werden in der Darstellung noch in die drei irdischen Reiche, das Tierreich, das Pflanzenreich und das Mineralreich unterteilt.

Zum Aufenthalt in der Sphäre des Mondes muss noch eine Anmerkung gemacht werden. Man hört immer wieder das Gerücht, dass zu Neu- bzw. Vollmond mehr Kinder geboren werden als an anderen Tagen. Jede Hebamme und jeder Astrologe, der mehr als zehn Geburtshoroskope in seinem Leben berechnet hat, weiß natürlich, dass dies völliger Unsinn ist. Es handelt sich um ein Missverständnis dieses Mythos. Der Mythos weist auf die *Syzygium Ante Nativitatem*[4] hin, die vorgeburtliche Mondphase. In der traditionellen Astrologie wird das Horoskop der vorgeburtlichen Lunation (entweder Neu- oder

Abb. 2

Vollmond, je nachdem, was der Geburt vorausging) verwendet, um zu sehen, wie sich das individuelle Radix in das allgemeine Zeitgeschehen einfügt.

Lassen Sie uns kurz genauer auf die einzelnen Aspekte der Persönlichkeit eingehen, die die Seele bei ihrem Abstieg durch die himmlische und irdische Welt annimmt:

Sphäre	Prinzip
Fixsterne	rein geistige, unsterbliche Seele
Saturn	Weisheit, Unterscheidungskraft
Jupiter	Glaube, richtiges Urteilsvermögen
Mars	Mut für Unternehmungen, brennender Eifer
Sonne	Sinne, Leben, Würde, Erfindungsgabe, Klarheit
Venus	Verlangen, Begehren, Liebe
Merkur	Ausdruck und Artikulation von Gedanken und Gefühlen
Mond	Kraft zur Fortpflanzung und Wachstum des Körpers
Erde	Wohnort des Menschen. Materielle Ausdrucksform der Seele

Diese Prinzipien oder Tugenden werden aber beim Abstieg in die elementare Welt korrumpiert, durcheinandergewirbelt, verzerrt. Um ein Bild aus der christlichen Mythologie zu gebrauchen: Seit dem Sündenfall leben wir nicht mehr in der perfekten Welt Eden, in harmonischer Einheit mit Gott und dem Kosmos, sondern in einer unvollständigen Welt.

Um wieder zur geistigen Welt aufsteigen zu können, muss die Seele diese korrumpierten Zerrbilder der Tugenden, d.h. die »Todsünden«, überwinden und wieder in Harmonie mit den Prinzipien kommen. Der Aufstieg der Seele gestaltet sich wie folgt (die Tabelle ist von unten nach oben zu lesen, da es sich um den Aufstieg handelt):

Sphäre	Todsünden und Prinzipien
Fixsterne	rein geistige, unsterbliche Seele
Saturn	Geiz, Habsucht
Jupiter	Gier nach Vermögen, Völlerei
Mars	Dreistigkeit, Zorn, Unbesonnenheit
Sonne	Herrschsucht und Stolz
Venus	Illusion der Begierden und Lust
Merkur	Arglist, Neid, Gerissenheit
Mond	Zunahme, Abnahme und Trägheit
Erde	im Tod verschwinden zuerst: die Sinne, das Temperament, irrationaler Zorn, Lust, irrationale Leidenschaften

Die christlichen Darstellungen des Fegefeuers symbolisieren diesen Aufstieg. Jede der Todsünden muss erst »purgiert« werden, bevor man zur nächsten Ebene aufsteigen kann und schließlich in die Heimatsphäre zurückkehrt. Dort verbleibt die Seele dann bis zum erneuten Abstieg in die materielle Welt, um erneut Erfahrungen machen zu können, die nur in dieser Welt möglich sind, und sich dadurch weiter zu vervollkommnen (vgl. Platon, »Der Staat, Buch 10« im Anhang).

Zum Begriff der Sünde

Wir sind alle aufgeklärt, liberal und streben unaufhörlich dem höheren Bewusstsein des angeblichen Wassermannzeitalters zu. Warum sollen wir uns also mit so einer überkommenen, mittelalterlichen Idee wie der Sünde überhaupt noch beschäftigen?

Nun, zum einen ist das Wassermannzeitalter noch Jahrhunderte entfernt, zum anderen beweist uns der tägliche Blick auf die Welt, dass es nicht so weit her ist mit der Erleuchtung der

Menschheit. Möglicherweise hilft uns die Vorstellung von Sünde und Tugend weiter auf unserem spirituellen Lebensweg?

Der griechische Ausdruck αμαρτια (*hamartia*) des Neuen Testaments und das hebräischen Wort *chat'at* des Alten Testaments bedeuten *Verfehlen eines Ziels* – konkret und im übertragenen Sinn –, also *Verfehlung*. Das Wort wird in deutschen Bibelübersetzungen mit *Sünde* wiedergegeben.[5]

Welches Ziel gemeint ist? Natürlich das Endziel, der Weg der Seele zurück zu ihrem Ursprung, zu Gott. Sünden sind also die Handlungsweisen, die uns von unserem Weg zurück zu Gott abbringen.

Unter Tugend (»taugen« im Sinne einer allgemeinen Tauglichkeit, lat. *virtus*, griech. ἀρετή (arete) versteht man eine Fähigkeit und innere Haltung, das Gute mit innerer Neigung (d. h. leicht und mit Freude) zu tun.[6]

Da Gott per definitionem »gut« ist, führt uns der Weg des Guten zurück zu ihm.

Der Mensch kann bereits in der physischen Inkarnation daran arbeiten, die Tugenden zu entwickeln und die Sünden zu überwinden, wodurch der Aufstieg nach dem Tod erleichtert wird.

Engel und Dämonen

Engelwesen und Dämonen sind in allen Religionen und Kulturen der Erde bekannt. Grob gesagt gibt es Schutzengel und Schutzgeister, »neutrale« Geistwesen und böse Geistwesen, die Dämonen. In den polytheistischen Religionen ist der Übergang zwischen Engelwesen und Göttern oft fließend. Einige Beispiele:

Assyrien und Babylon: Jeder Gott hatte eigene Herolde, jedem Menschen stand ein Schutzwesen bei, das sich für ihn bei den Göttern einsetzte.

Parsen (Anhänger des Zarathustra): Ahura Mazda wird umgeben von Fravashi, die dem Menschen beistehen im Kampf gegen die Dämonen.

Auch in Indien gibt es zahlreiche solche Wesen. Neben den Göttern existieren eine Vielzahl von Nymphen, Erdgeistern, Engeln und Dämonen.

Tibet: Nats. Von diesen gibt es gute, die dem Menschen helfen, und böse, die den Menschen verführen.

Unser Ausdruck »Engel« stammt bekanntlich vom griechischen *angelos*, »Bote«, ab. Ursprünglich war dies der Beiname jener Götter, die in Verbindung mit Verstorbenen standen: Hermes, der Führer der Seelen, Artemis, die Todesgöttin, Hekate, Herrin der Unterwelt, sowie der Gottkönig Zeus, der den Beinahmen *agathos angelos* hatte, der »gute Bote«.

Aber oft nehmen auch andere Götter die an die Funktion der Engel erinnernde Vermittlerolle ein. Man erinnere sich an

Athene, die Achilles in einer Weise beschützt, die sehr an den christlichen Schutzengel erinnert, oder die Beratung des Odysseus durch Athene und Hermes im Auftrag des Zeus. So sind die Heroen und Halbgötter ebenfalls Verbindungsglieder zwischen göttlicher Welt und menschlicher Welt.

Platons Eros wirkte, wie im »Gastmahl« beschrieben, als »Dolmetscher und Bote von den Menschen bei den Göttern und von den Göttern bei den Menschen; von diesen übermittelt er die Gebete und Opfer, von jenen Befehle und Vergeltungen der Opfer ...«

Sokrates beschreibt seinen »Daimon«, eine innere Stimme, ein Mittelding zwischen Gewissen und Schutzengel.

Schließlich sind noch die Engel des Alten Testaments, des Neuen Testaments und des Islam zu nennen.

Eine wirkliche Engelslehre gab es aber lange nicht. Erst Dionysios Areopagita (um 100 n. Chr.) verfasste die Lehre von den neun, in drei Triaden unterteilten Chören der Engel, die bis heute im Christentum die Hierarchien der Engel bilden.[7]

1. Triade:

Seraphim sind sechsflügelige Symbole des Lichts, der Glut und des göttlichen Feuers (Ez 1,5 ff., Jes 6,1 ff.). Sie stehen Gott am nächsten.

Cherubim verbreiten die Erkenntnis und gießen die Weisheit aus. Sie sind es, die den Garten Eden beschützt haben (Gen 3,24). Unter anderem werden sie beim Bau der Stiftshütte (Ex 25,18 ff.) sowie beim Bau des Tempels Salomo (1 Kön 6,23 ff.) erwähnt.

Thronoi sind die unterste Stufe der 1. Triade und bezeichnen das Erhabene. Die Septuaginta[8] gebraucht den Begriff auch für die Seraphim, Paulus spricht im Kolosserbrief von *Thronen* (Kol 1,16).

2. Triade: (Kol 1,16 sowie Eph 1,21)

Herrschaften (Dominationes) sind Beherrscher der Engel.

Mächte (Virtutes) vollziehen unerschütterlich den Willen Gottes.

Gewalten (Potestates) verkörpern die unzerstörbare Harmonie.

3. Triade:

Fürstentümer (Principati) verkörpern den himmlischen Führungscharakter.

Erzengel (Archangeli), die göttliche Kohorte, fungieren vor allem als Verkünder göttlicher Offenbarung. Neben Gabriel, Michael und Raphael taucht Uriel nur in der Mosesapokalypse auf. Jakob kämpft mit Penuël (Gottesgesicht) in Gen 32,31.
Der Talmud kennt noch drei weitere Erzengel, so dass sich die insgesamt sieben Erzengel den sieben Planeten zuordnen lassen.
Nach Basilus Valentinus[9]:

Erzengel	Planet
Oriphiel	Saturn
Zachariel	Jupiter
Samael	Mars
Michael	Sonne
Anael	Venus
Raphael	Merkur
Gabriel	Mond

Diese Zuordnung wurde auch von Rudolf Steiner im Zusammenhang mit seinen »Planetensiegeln« genannt.[10]

Engel (Schutzengel) stehen auf der untersten Stufe und stehen den Menschen am nächsten. Sie haben unterschiedliche Bezeichnungen wie »Schar« (Ijob 19,12 und Ps 103,21), »Erscheinung« (Dan 10,7) oder »Geist« (Offb 1,4).

Diese Engel werden von dem einen Schöpfergott beherrscht, von dem alles ausgeht. Die Namen für diesen mögen in den unterschiedlichen Religionen unterschiedlich sein, doch verweisen sie immer auf den Einen. Eine Zuordnung zu den Planeten ist, wie gesagt, möglich. Wenn wir uns aber Robert Fludds Bild noch einmal ansehen, so stehen die Engel außerhalb der Fixsternsphäre und somit auch außerhalb der Planeten, welche Prinzipien, die auf die physische Welt wirken, verkörpern. Es gibt allerdings auch andere hermetische Darstellungen, in denen statt der Engelschöre außerhalb der Fixsternsphäre noch einmal die Elemente und die sieben Planeten abgebildet sind. Damit wird auf die Urelemente und auf Urkräfte hingewiesen, die in der rein geistigen Welt wirken und die – wie erwähnt – nicht beschreib- oder benennbar sind, aber mit den Elementarkräften bzw. den Planetenkräften verglichen werden können. Die Engelszuordnung würde sich unter diesen Gesichtspunkten also auf die geistigen Idealbilder der Planeten beziehen, nicht auf die der physischen Welt zugehörigen astrologischen Planeten.

Vermittler zwischen Himmel und Erde

Die Engel dienen als Vermittler zwischen der himmlischen und der irdischen Welt. Sie sind verbunden mit dem Numinosen[11], gleichzeitig aber vorstellbar für das Irdische. Jedes Wesen bildet sich, laut Nikolaus von Kues, ein Gottesbild, das ihm entspricht. Ein Pferde-Gott würde also aussehen wie ein Pferd. Gott in seiner Wesenheit kann jedoch nie voll erfasst werden. In den für uns vorstellbaren Engeln personifizieren sich gleichsam

Abb. 3

Aspekte der Gottheit. Abbildung 3 zeigt eine Vision der heiligen Hildegard von Bingen: innen der nicht darstellbare höchste Gott als weißer Kreis, außen die neun Chöre der Engel.

Der Schutzengel bei Thomas von Aquin

Der Kirchenlehrer Thomas von Aquin hat in seinem Werk *Summa Theologiae* (1265-1273) eine sehr umfangreiche Engellehre niedergeschrieben. In der 113. Frage des 1. Teils behandelt er »das Beschützeramt der guten Engel« und sagt dazu: *»Den Menschen sind Engel zum Schutz zugewiesen, damit sie durch diese zum ewigen Leben geführt, zum guten Wirken angespornt und gegen die Angriffe der bösen Geister bewahrt würden.«*[12]

Der **Schutzengel** geleitet den Menschen also, schützt ihn und schenkt ihm Einsichten und fromme Gedanken. Dabei greift er nicht in den freien Willen des Menschen ein.

Die **Dämonen** beeinflussen den Menschen in entgegengesetzter Weise, flüstern ihm die Verführungen des Teufels ins Ohr. Thomas von Aquin schreibt: *»Die Engel sind, von Gott gesandt, zum Schutz der Menschen beauftragt. Die bösen Geister aber werden nicht von Gott gesandt, da es die Absicht der bösen Geister ist, Seelen zu verderben. (...) Wie die Engel zum Schutze der Menschen bestimmt werden, so die bösen Geister zur Anfechtung. Alles Gute aber, was wir tun, geht aus der Einflüsterung der guten Engel hervor, weil die göttlichen Gaben uns durch Vermittlung der Engel zugeleitet werden. Also kommt auch alles Böse, was wir tun, aus der Einflüsterung des Teufels.*[13]

Indem der **Mensch** nun mit Hilfe des Schutzengels den Versuchungen des Teufels widersteht, tut er Gutes, da er das Böse überwindet. So beteiligt sich der Teufel – zwar wider Willen, aber dennoch nicht weniger effektiv – am göttlichen Heilsplan.

Der Mensch befindet sich auf seinem Lebensweg also immer zwischen zwei auf ihn wirkenden Kräften. Durch seinen freien Willen kann er sich für eine der beiden Seiten entscheiden. Diesen Gedanken finden wir ebenfalls in allen Kulturen und Religionen, beispielsweise bei den Parsen in Gestalt von Ahura Mazda und Ahriman.

Relevanz für die Astrologie

Natürlich werden Sie sich jetzt fragen, was dies alles mit der Astrologie zu tun hat. Die Antwort lautet: sehr viel! Mit den traditionellen astrologischen Methoden lassen sich nämlich die jeweiligen »guten« und »schlechten« Einflüsse im Horoskop klar erkennen. Bevor wir jedoch auf die praktische Anwendung zu sprechen kommen können, müssen wir zuerst noch einen Blick auf die wesentlichen Grundlagen der traditionellen Horoskopdeutung werfen:

Die Würden

Essenzielle Würden

Die essenziellen Würden betreffen das Wesen, die Essenz des Planeten selbst. Gott ist per definitionem unendlich gut. Daher kann nichts, was er geschaffen hat, in der Essenz schlecht sein, auch nicht die sogenannten Übeltäter Saturn und Mars. Diese erleben wir als »Übel« für unser Ego. Wir mögen es nicht, wenn unser Ego angegriffen wird oder ihm Grenzen gesetzt werden. Nichtsdestotrotz sind beide notwendig und in ihrer Essenz gut. In der physischen Welt kann aber nichts entsprechend seiner reinen Essenz existieren und wirken, da die materielle Welt, wie oben bereits gesagt, korrumpiert ist. Um festzustellen, wie gut ein Planet seine essenzielle Qualität, sein inhärentes »Gutes«, zum Vorschein bringen kann, betrachten wir die essenziellen Würden dieses Planeten.

Denken Sie an die Tabelle oben, mit den Tugenden und den Todsünden. Je stärker der Planet essenziell steht, desto mehr kann er die durch ihn repräsentierte Tugend, seine gute Seite, manifestieren. Essenzielle Würde erhält ein Planet, wenn er in seinem Zeichen, seiner Erhöhung, seiner Triplizität und in geringerem Maße in seinen Grenzen oder seinem Gesicht steht. Steht ein Planet peregrin, also in der Fremde, hat er weder essenzielle Würde noch ist er essenziell geschädigt. Er kann in beide Richtungen kippen. Die Tendenz zur schlechten Seite überwiegt aber. Steht der Planet essenziell schlecht, also in seinem Exil oder im Fall, bringt er seine schlechte Seite zum Vorschein. Dies gilt für alle Planeten, also sowohl für die natürlichen Wohltäter als auch für die Übeltäter. Ein essenziell schlecht stehender Wohltäter stellt sich nach außen hin schön dar, hat aber im Inneren einen verrotteten Kern.

Daher gilt:

- Übeltäter sind alle Planeten, die essenziell schlecht stehen. Sie gehen ins Extrem und verwirklichen die »negative« Seite des Planeten.
- Wohltäter sind die Planeten, die essenziell gut stehen. Sie verwirklichen die »positive « Seite des Planeten.

Akzidentelle Würden

Die akzidentellen Würden betreffen nicht das Wesen des Planeten, sondern seine Umstände: Wie einflussreich steht er im Horoskop, wie stark kann er sich manifestieren und wie groß ist dadurch sein Einfluss auf das Leben des Geborenen? So ist ein essenziell stark, akzidentell aber schwach stehender Planet zwar qualitativ gut, er wird seine Güte aber nur schwer zeigen können. Umgekehrt kann ein essenziell schlecht stehender Planet natürlich akzidentell gut stehen. Dann kann sich sein schlechter Einfluss besonders leicht und stark im Leben des Geborenen verwirklichen. Die wichtigste akzidentelle Würde ist die

Hausstellung. Planeten in Eckhäusern können sich sehr stark, Planeten in nachfolgenden Häusern mittelmäßig und Planeten in fallenden Häusern nur schwach zur Geltung bringen. Das hängt aber immer auch von der Lebenssituation ab. Ein Jupiter im Schützen im 12. Haus ist ein ausgezeichneter Planet, der aber in einem schlechten und schwachen Haus steht. Er wird nur schwer ins Leben zu bringen sein. Ist der Geborene aber Großtierarzt oder Pferdezüchter (große Tiere gehören ins 12. Haus), so ist dies geradezu ideal. Man darf bei allen Einzelaspekten, die man in einem Horoskop betrachtet, nicht den Gesamtzusammenhang aus den Augen verlieren. Neben der Hausstellung kommen aber noch andere akzidentelle Stärkungen oder Schwächungen hinzu, die berücksichtig werden müssen.[14]

Praktische Anwendung

Man kann also anhand des Geburtshoroskops bereits die Talente, die gut funktionierenden Werkzeuge, die »guten Einflüsse« oder die »Schutzengel« unterscheiden von den »Dämonen« oder »schlechten Einflüssen«. So lassen sich Gefahren erkennen, denen der Geborene entgegenwirken kann, und Talente, die er auf seinem Lebensweg ausbauen kann. Und wir sehen auch, was davon leicht umzusetzen ist und was davon sich nur schwer verwirklichen lassen wird.

Die essenzielle und akzidentelle Würde zeigt die Qualität des Werkzeugs, aber nicht zwingend auch die Neigung, damit Gutes oder Schlechtes zu tun. Die moralisch »gute« oder »schlechte« Neigung eines Menschen hängt auch davon ab, welche Häuser von den jeweiligen Planeten in ihrer Qualität beherrscht werden, und von anderen spirituellen Faktoren. Sie erinnern sich: Der Schutzengel greift nicht in den freien Willen ein.

Mit einer weiteren traditionellen Technik können wir dann den Trumpf im Leben eines Geborenen feststellen. Die höchste Karte, die er in der Hand hält: seinen Schutzengel.

Die Bestimmung des Geburtsherrschers

Es gibt verschiedene Konzepte, den Geburtsherrscher zu bestimmen, bzw. oft wird derselbe Begriff verwendet, um verschiedene Dinge zu beschreiben. Diese unterschiedlichen Konzepte haben entscheidende Auswirkungen auf die Beratungspraxis. Heute wird meist der Herrscher des AC als Geburtsherrscher genommen. Eine weitere Möglichkeit ist es, den Almuten[15] zu verwenden. Oder es wird der Planet als Geburtsherrscher oder Geburtsgebieter bezeichnet, der die meisten Würden an wichtigen Punkten des Horoskops innehat. Cyprianus Leovitius sagt:

»Einige halten den Planeten für den Geburtsgebieter, der die wichtigsten und wesentlichen Würden in den fünf hylegischen Orten, d.h. Sonne, Mond, AC, Glückspunkt und der der Geburt vorhergehenden Konjunktion oder Opposition der Hauptlichter, innehat.«[16]

Ähnlich verhält es sich mit dem »einflussreichsten Planeten«: Es wird der Planet gesucht, der die meisten Würden an den Orten der sieben Planeten, dem Glückspunkt, dem AC und dem MC hat, oder der Almuten Figuris, bei dem zusätzlich die akzidentellen Würden sowie Planetentag (oder -nacht) und Stunde mit berücksichtigt werden.

Und wieder Cyprianus:

»Meine Manier aber ist folgende: Ich nehme den Planeten, der sowohl hinsichtlich seiner wesentlichen Würde als auch gleichzeitig hinsichtlich des Himmelsortes mächtiger steht.«

Dieser Methode folgt auch William Lilly. Viele Lilly-Anhänger zählen einfach den Zahlenwert der essenziellen Würde mit dem Zahlenwert der akzidentellen Würde zusammen, und derjenige Planet, der dann den höchsten Wert hat, wird zum Geburtsgebieter gekürt. Dabei wird etwas Wichtiges übersehen: Der Planet muss sowohl hinsichtlich seiner wesentlichen (essenziellen) Würde als auch seiner akzidentellen Würde gut stehen. Habe ich einen Planeten, der zwar im Exil steht (-5 Punkte), aber akzidentell sehr stark (z.B. +12 Punkte), so kann dieser den höchsten Gesamtwert erhalten. So ist das allerdings überhaupt nicht gemeint, wie wir noch sehen werden. Die erste Bedingung ist, dass er essenziell stark sein muss. Sprich, er muss seine »guten Seiten« zeigen. Dann erst kommt die akzidentelle Würde, also wie stark er sich manifestieren kann.

Dies führt zu Unterschieden in der Auswirkung. Bei den zuerst genannten Methoden wird ein Planet gefunden, der durch Disposition und Rezeption entweder den AC oder die fünf Lebenspunkte des Horoskops beherrscht. Der Planet selbst muss aber nicht essenziell gut stehen.

Bei der letztgenannten Methode wird ein Planet gewählt, der selbst essenziell und akzidentell gut steht, also sowohl eine »gute« Qualität als auch eine »gute« Wirkkraft hat. Dieser Unterschied ist bedeutsam für die Beratungspraxis.

– Der AC-Herrscher, der »einflussreichste Planet« oder der über die fünf hylegischen Punkte bestimmte Geburtsgebieter, stellt einen wesentlichen Einfluss im Leben des Geborenen dar. Dieser Einfluss muss aber keineswegs gut sein. Er stellt einen unbewussten Drang dar, auf die Art dieses Planeten zu reagieren und zu agieren. Also ein wichtiges Thema, mit dem sich der Geborene auseinanderzusetzen hat, dessen Einfluss aber negativ sein kann und daher im Sinne des »Guten« überwunden werden muss! (Wenn der Planet, der auf diese Art gefunden wurde, selbst essenziell schlecht steht.)

- Der essenziell und akzidentell beste Planet stellt immer einen guten Einfluss dar. Er ist die Kraftquelle, das große Talent, mit dem der Geborene seine Aufgaben erfüllen kann. Er ist der **Schutzengel** im Sinne des heiligen Thomas von Aquin, der Kompass der Seele hin zum Guten. Durch die **bewusste** Entscheidung für die Analogien und Tätigkeiten, die dieser Planet beschreibt, folgt der Geborene dem Kompass seiner Seele.

Um diesen Kompass der Seele zu finden, betrachten Sie zuerst Planeten, die essenziell gut stehen. Sollten es mehrere sein, verwenden Sie den, der am leichtesten »greifbar« ist, also die stärkeren akzidentellen Würden hat. So würde man beispielsweise einen Planeten, der in Triplizität, aber im 10. Haus steht, einem Planeten, der im eigenen Zeichen, aber im 12. Haus steht, vorziehen. Er hat zwar weniger essenzielle Stärke, lässt sich aber leichter im Leben umsetzen. Zudem lohnt es sich, den einflussreichsten Planeten zu berechnen (siehe Anhang). Wenn es sich dabei um einen essenziell schlecht stehenden Planeten handelt, haben wir eine Gefahrenquelle für den Geborenen gefunden: einen starken negativen Einfluss oder eine unbewusste negative Neigung. Durch die Analyse hilfreicher Faktoren des restlichen Horoskops und generell durch die Konzentration auf den Geburtsgebieter kann der Geborene dann diese Einflüsse, die zweifelsohne im Leben hervortreten werden, überwinden. Würde man aber den einflussreichsten Planeten oder auch den Almuten Figuris oder den Aszendentenherrscher empfehlen, auch wenn dieser schlecht steht, so würde man den Geborenen gerade darin bestärken, das Negative und Schädliche in seinem Horoskop zu betonen. Sie mögen das für eine überflüssige oder absurde Warnung halten, es gibt aber Schulen, die genau dies tun. Meistens mit der Begründung, dass der weise Astrologe XY dies schon vor 1000 Jahren so gemacht habe, und ohne über den Kern der Technik und die sich daraus ergebenden Konsequenzen nachzudenken.

Planeten als Geburtsherrscher

Im Folgenden werden die einzelnen Planeten in ihrer Funktion als Geburtsherrscher beschrieben. Ich gehe hier hauptsächlich auf Tätigkeitsfelder ein, die sich z.B. als Beruf eignen oder auch als allgemeines Interessens- und Beschäftigungsgebiet in der Freizeit. Aber auch der Kontakt mit den hier beschriebenen Menschen und Berufsgruppen kann förderlich sein.

„Die folgende Zusammenstellung stammt von Oscar Hofmann[17] und umfasst die traditionellen Bedeutungen der Planeten und deren Anwendung auf die moderne Zeit. Weitere Planetenbeschreibungen, die hier nützlich sein können, finden Sie in der *Tetrabiblos*[18] von Ptolemäus im Abschnitt über den Beruf und in William Lillys *Christliche Astrologie* in der Beschreibung der Personen, die durch die Planeten gekennzeichnet werden[19].

Um eine weitere Verfeinerung der Deutung zu erhalten, sollte der Geburtsherrscher auch hinsichtlich des Elements, in dem er steht, analysiert werden:

Im Feuerelement funktioniert das Talent am besten in einer Umgebung, in der Konfliktbereitschaft, Konkurrenz und Wettkampf Voraussetzung sind.

Im Luftelement ist eine Arbeitsumgebung ideal, in der viel Wissensvermittlung und Kommunikation stattfindet.

Im Wasserelement sind Tätigkeiten geeignet, die Einfühlungsvermögen, Verständnis, Sorge, Hilfestellung erfordern.

Im Erdelement sind konkrete, praktische, strukturierende, formgebende Bereiche bevorzugt.

Zudem können bei der individuellen Radixdeutung die Häuser, welche vom Geburtsgebieter beherrscht werden, und das Haus, in dem sich der Geburtsgebieter befindet, mit berücksichtigt werden. So kann man weiter verfeinern, auf welche Lebensbereiche sich das Talent hauptsächlich bezieht und in welchem Lebensbereich es sich auswirkt. Entscheidend dabei ist, ausschließlich die sieben traditionellen Planeten und deren Zeichenherrschaft zu verwenden und ebenso nur die traditionellen, ursprünglichen Häuserbedeutungen. Ein Beispiel: Haus 8 steht nicht nur für Sex oder Transformation, sondern für den Tod oder die Finanzen anderer Leute. Das 5. Haus ist Sex. Es ist bezeichnend, dass in der modernen Astrologie das traditionelle Haus des Todes zum Haus der Sexualität geworden ist. Und das 6. Haus steht nicht für Gesundheit, sondern für Krankheit und bedeutet auch nicht »Dienen« oder »als Angestellte/r arbeiten«, sondern es sind die Diener, Angestellten und Untergebenen, die für einen arbeiten, die wir in diesem Haus finden. Die eigene Arbeit, egal wie »niedrig« oder »hoch«, ist im 10. Haus angesiedelt.

Saturn – Der Asket

Saturn ist der alte Mann unter den Planeten. Er ist die Kraft der Nüchternheit und der Begrenzungen. Die durch Saturn verliehenen Gaben sind Begrenzung und Disziplin, er kann gut mit dem Leiden anderer (und seinen eigenen) umgehen.

Der Planet weist auf alles hin, was mit schweren, begrenzenden und alten Dingen zu tun hat. Er befähigt zur Kontemplation.

Mögliche Tätigkeitsfelder: Menschen in Not, alte Menschen, Psychiatrie, Suchtberatung und Ähnliches, Randgruppen, Armut, Archivierung, Geschichte, Tradition, alte Dinge und Antiquitäten, Grund und Boden, Umwelt, Landwirtschaft, Abfall, Kanalisation, Gift- und Gefahrenstoffe, Budgetverwaltung, Tod und Sterben, Restriktionen und Normen, Gärten, Bauwerke, Bergbau, Sicherheitsdienst, Installateur, Klempner, Hilfsarbeiten.

Jupiter – Der Lehrer

Jupiter ist der Optimist unter den Planeten. Er blickt in die Zukunft und will dafür den »roten Faden« entwickeln. Er glaubt an Expansion und Fortschritt und ist der astrologische Gegenspieler des Saturns, des nüchternen Begrenzers.

Jupiter verweist auf alles, was mit Visionen, Plänen und Wachstum zu tun hat.

Mögliche Tätigkeitsfelder: Höhere Bildung, Realschule und Gymnasium, Universität, Philosophie, Spiritualität, Ethik, Erziehung, Coaching, Umsicht, Politik, Menschen, die die Richtung vorgeben, Geschäftsführer, Kirche, Geistlichkeit, Wohltätigkeit, richterliche Macht, juristische Angelegenheiten (aber keine Anwälte), große Reichtümer oder Besitztümer, reiche Menschen, internationale Kontakte, Ausland.

Mars – Der Krieger

Mars ist der Krieger in der kosmischen Gesellschaft. Er ist der Kriegsgott des klassischen Altertums. Er scheut keinen Streit und kämpft bis zum Äußersten. Mars kann durch seine feurige Kraft die Energie geben, um an der Konkurrenz vorbeizuziehen und Widerstände zu überwinden.

Mars verweist auf alles, was mit Schärfe, Kampf, Feuer und Hitze zu tun hat.

Mögliche Tätigkeitsfelder: Sport, Wettkampf, Kampfkunst, Energiearbeit, physische Belastung, Chirurgie, Operationen, Chemie, Pharmazie, Schärfe, Metzger, Gerber und Lederbearbeitung, Schneider, Pediküre, Köche, Energie, Feuer, Hitze, Metallbearbeitung, Militär, Polizei, Waffen, Feuerwehr.

Venus – Die Schöne

Venus ist die Gegenspielerin des feurigen Mars. Sie ist die Dame der Astrologie und in der Antike die Göttin der Schönheit. Venus hat eine große Abneigung gegen das Schlachtgetümmel des Mars und bewahrt allzu gern den lieben Frieden. Sie richtet sich auf Kultur, guten Geschmack und Genuss aus.

Venus verweist auf alles, was lecker, nett und schön ist.

Mögliche Tätigkeitsfelder: Schönheit, Luxus, Komfort, Vergnügen, Kunst, Kreativität, Erholung, Amüsement, Gastfreundschaft, Gastronomie, Design, Dekorateure, Mode, Kosmetika, Genuss, der schöne Schein, Glitter, Reklame, Werbung, Entspannung, leckeres Essen und Nascherein, Liebe, Erotik, Harmonie, Frieden, Eleganz, Weiblichkeit.

Merkur – Der Kaufmann

Merkur ist der schnelle Flitzer der kosmischen Gesellschaft. Er ist neugierig und hält gern ein Schwätzchen, wodurch er gut informiert bleibt. Merkur hat einen scharfen Verstand, ist aufmerksam und eignet sich für Handel und Verkauf. Er kommuniziert und reagiert schnell und ist in Debatten ein gewitzter Gegner.

Merkur verweist auf alles, was mit Kommunikation, praktischem Wissen, Handel und Technik zu tun hat.

Mögliche Tätigkeitsfelder: Journalismus, Schreiben, Medien, Internet, Techniker, Sekretärinnen, kommerzielle Aktivitäten, Logistik, Marketing, Verkauf, Administration, Information, Kommunikation, Buchhaltung, Anwälte, Notare, Informatik, Forschung, Wissenschaft, Erfindungen, Rechner, Organisatoren, Grundschule (Lesen, Schreiben, Rechnen), Ärzte.

Die beiden Lichter

Die beiden Lichter werden in der traditionellen Literatur meist nicht (es sei denn, sie sind besonders stark) in ihren Eigenschaften beschrieben. Sie sind die generellen Energie- und Lichtquellen, die den anderen Planeten mehr Einfluss, Macht und Strahlkraft verleihen. Wenn Sie das Beispiel zur Sonne lesen, sehen Sie, dass es hier hauptsächlich um Führungskraft und Regentschaft geht. Gibt es noch einen zweiten starken Planeten, so kann man dessen Thema mit heranziehen, um genauer spezifizieren zu können, in welchem Bereich diese Regentschaft ausgeübt wird (zusätzlich zur Analyse des Hauses, in dem die Sonne steht, und des Hauses, welches sie beherrscht. Ein Beispiel: Mars und Sonne stehen stark – die Offizierslaufbahn wählen, nicht die des Unteroffiziers).

Die Sonne – Der König

Die Sonne ist der König, die Quelle und der Ursprung des Lichts, das Symbol für Vitalität und Energie, der »Chef« der Planeten, dessen Licht ihres immer überstrahlen kann.

Daher verweist die Sonne auf alles, was der strahlende Mittelpunkt oder der Chef sein will.

Mögliche Tätigkeitsfelder: Licht, Glas, Wärme, Energie, Augen und Sehen, Herz, der Fürst, der Führer, der Spielführer,

Schauspieler, Theater, der Chef, die rechte Hand des Chefs, Showbiz, Ehre, Ruhm, Regentschaft, hohe Würdenträger, Pracht und Prunk.

Der Mond – Die Königin

Luna (der Mond) ist die Gegenspielerin von Sol (die Sonne). Sie spiegelt sein Licht wieder. Sie ist das Licht, das über die Nacht herrscht. Ihre Bewegung bestimmt den Rhythmus der Gezeiten, Ebbe und Flut. Sie ist das Symbol der Großen Mutter.

Der Mond verweist daher auf alles, was mit Versorgung, Mutterschaft und Flüssigkeiten zu tun hat.

Mögliche Tätigkeitsfelder: Heime, Beratungsstellen, Coaching, Versorgung und Pflege, Hebammen, Frauen im Allgemeinen, Sorge um den Gang der alltäglichen Dinge, Fische, Fischer, Meer, Seefahrer, Schifffahrt, Reisende, Umherziehende, Getränke, Barkeeper, Wasser, Flüssigkeiten.

Das zentrale Thema des Mondes ist es, auf die eine oder andere Art um- und versorgen zu können. Was umsorgt wird und wie das geschieht, spielt dabei keine so wichtige Rolle.

Meditation

Die folgende kleine Übung kann dazu dienen, sich über die Auswirkungen der Planeten im Horoskop klar zu werden und diese zu stärken, wenn sie tugendhaft sind, oder daran zu arbeiten, den »Verführungen« der essenziell schlecht stehenden Planeten zu widerstehen.

Nehmen Sie sich oben angegebene Liste mit den Tugenden und den Todsünden vor. Am jeweiligen Wochentag, der dem Planeten zugeordnet ist, machen Sie sich Notizen, ob sich die angegebene Tugend oder das Laster stärker in ihrem Leben zeigt. Ergänzen Sie diese Liste am Abend, in dem Sie sich überlegen, wie Sie das Laster mäßigen und die Tugend stärken könnten. Beginnen Sie am Montag mit dem Mond und schließen Sie am Sonntag mit der Sonne. Jetzt lassen Sie Ihre Notizen eine Woche liegen. Wenn Ihnen im Laufe der Woche noch etwas zu irgendeinem der Punkte einfällt, können Sie das ergänzen.

Am darauffolgenden Sonntag nehmen Sie sich etwas Zeit und stellen Sie bitte sicher, dass sie völlig ungestört sind. Wenn Sie autogenes Training machen oder eine andere Meditationstechnik nutzen, entspannen Sie zuerst Ihren Körper wie gewohnt. Sollten Sie keine Meditationserfahrung haben, setzen Sie sich bequem auf einen Stuhl (der Rücken kann ruhig angelehnt sein, aber nicht »durchhängen«, die Füße sollten parallel auf dem Boden stehen). Eine gute Haltung ist auch der »Kutschersitz«, wie ihn Sänger für ihre Atemübungen machen. Atmen Sie einige Male tief ein und aus, ohne den Atem anzuhalten. Lassen Sie

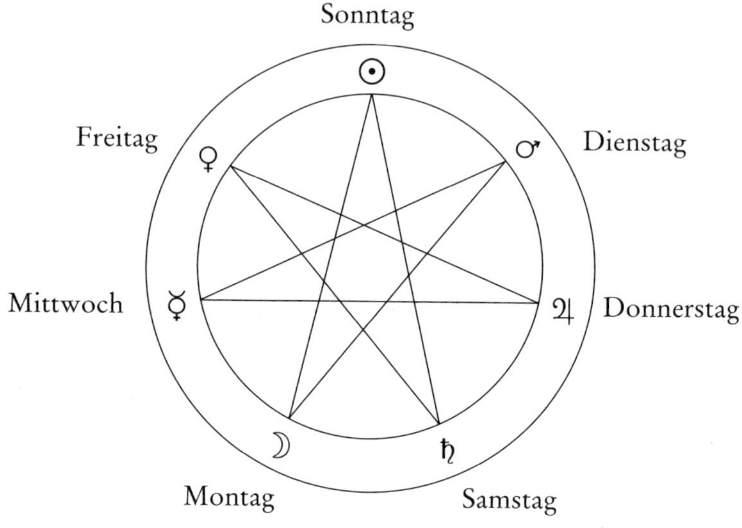

Abb. 4

Ihre Gedanken fließen, halten Sie aber keinen fest. Wenn Sie ruhig geworden sind, stellen Sie sich vor, wie Sie durch Ihren Kopf nach oben steigen. Sie verlassen Ihren Körper, das Haus, die Stadt, in der Sie leben, bis Sie die Erde von oben, wie aus dem Weltraum, betrachten. Richten Sie den Blick jetzt nach oben zum Mond und betreten Sie die Sphäre des Mondes. Jetzt konzentrieren Sie sich auf das Laster des Mondes, die Trägheit. Stellen Sie sich vor Ihrem geistigen Auge vor, wie sich das Laster in Ihrem Leben und allgemein in der Welt auswirkt. Stellen Sie sich weiter vor, wie Sie dieses Laster überwinden, genauer: wie Sie durch Ihren Willen Ihre Trägheit überwinden. Lassen Sie die Trägheit hinter sich. Der Ausgleich ist der Eifer. Entbrennen Sie für etwas, was Sie schon immer gerne getan hätten. Aber eben »hätten« und nicht haben. Was sind die Schritte, die Sie tun müssen, um es zu erreichen? Gehen Sie diese Schritte, aktivieren Sie sich und gehen Sie es an. Steigen Sie weiter auf zur

Sphäre des Merkurs. Wo waren Sie neidisch auf andere? Warum? Wo haben Sie Tricks, Betrügereien oder Lügen eingesetzt? Dann klären Sie vor Ihrem geistigen Auge diese Situationen und lassen Neid, Arglist und betrügerisches Verhalten hinter sich. Konzentrieren Sie sich auf das Gefühl der Nächstenliebe. Statt den anderen etwas nicht zu gönnen, erwecken Sie in sich das Gefühl der teilnehmenden Freude am Glück oder Erfolg der anderen.

Steigen Sie so durch die restlichen Sphären auf, zunächst zur Venus. Ihre Laster: Wollust in jedem Sinne. Nachgiebigkeit gegenüber Genüssen aller Art, nicht nur Sex. Der Ausgleich: Keuschheit. Also Mäßigung in allen Sinnesgenüssen, für die Sie persönlich am stärksten anfällig sind. Dann zur Sonne. Ihr Laster: Stolz. Der Ausgleich: Demut. Nicht nur Sie, jeder Mensch ist etwas Besonderes. Statt sich über die »weniger entwickelten« Mitmenschen zu stellen, prüfen Sie, wo Sie selbst Fehler haben. Das hilft, demütig zu werden und sich selber zurücknehmen zu können und so den Stolz abzulegen. Als Nächstes geht es zum Mars und seinen Lastern: Zorn, Streit und Wut. Der Ausgleich, um diese zu überwinden: Sanftmut, Toleranz gegenüber den Fehler anderer. Jeder hat selbst auch Fehler und will nicht gleich Prügel dafür beziehen. Also prügeln Sie auch nicht gleich auf andere los. Jupiter: die Völlerei. Wo neigen Sie zur Maßlosigkeit, zum »Reinschaufeln«, zum »Hier-kenne-ich-keine-Grenzen«? Der Ausgleich ist Abstinenz. Verzichten Sie bewusst auf diese Dinge. Schränken Sie sich bewusst ein. Wenn Essen oder Alkohol Ihre Völlerei sind, lassen Sie das nächste Bier bewusst weg oder hören Sie auf zu essen, wenn Sie satt sind. Das gilt auch für andere Begierden: Kaufen Sie nicht noch ein Buch über Ihr Lieblingsthema, über das Sie schon 300 Bücher im Regal stehen haben. Auch wenn es noch so gut schmeckt, auch wenn es noch so interessant klingt. Und schließlich zum Saturn. Sein Laster heißt Geiz. Wo halten Sie an Dingen fest, einfach nur, weil Sie sie »haben« und »halten« wollen? Den Ausgleich bietet die Freigebigkeit, sowohl sich selbst, als – und das ist wichtiger

– den Mitmenschen gegenüber. »Warum soll ich dem Penner was geben? Der soll arbeiten. Ich muss auch für mein Geld hart arbeiten!« Egal. Sie geben dem Penner nur ein paar Münzen. Er gibt Ihnen die Möglichkeit, großzügig zu sein und so Ihren Geiz zu überwinden! Wer hat wem mehr gegeben?

Fühlen Sie, wie Körper und Geist leicht und unbeschwert sind, nachdem Sie die Laster abgelegt haben? Verbleiben Sie, solange es Ihnen angenehm ist, in diesem Zustand. Dann beginnen Sie mit dem Abstieg. Konzentrieren Sie sich auf die Tugenden des Saturns, Weisheit und Unterscheidungskraft. Steigen Sie hinab zum Jupiter, wenn Sie so weit sind. Seine Tugenden: das richtige Urteilsvermögen, der Glaube und das Vertrauen in Gott. Dann weiter über den Mars, der Mut zur Handlung und die gerechte Tat, zur Sonne, der göttlichen Lebenskraft, die alles erleuchtet und durchdringt und die unserem Dasein Würde verleiht. Dann zur Venus, die Liebe zu allen geschaffenen Dingen und Wesen, zum Merkur, die Artikulationskraft und die Fähigkeit zur Wahrnehmung, und schließlich zum Mond, die Zeugungskraft, das Wachsen, Pflegen und Gedeihen lassen. »Landen« Sie jetzt wieder auf der Erde und in Ihrem Körper. Bewegen Sie Ihre Arme und Beine, ballen Sie die Hände zu Fäusten und entspannen Sie sie wieder, räkeln Sie sich und öffnen Sie schließlich die Augen.

Sie können dies öfter wiederholen und vergleichen, wie sich die Listen, die Sie während der Woche erstellen, ändern. Sie können beim Aufstieg länger in den Sphären bleiben, deren Planeten in Ihrem Horoskop schwierig stehen, um diese zu überwinden. Tanken Sie beim Abstieg länger auf in den Sphären der Planeten, die in Ihrem Horoskop gut stehen. Vor allem in der Sphäre Ihres Geburtsgebieters. Achten Sie darauf, was für Gedanken und Empfindungen hochkommen, und notieren Sie diese im Anschluss.

Die Reihenfolge des Aufstiegs: Erde | Mond, Merkur, Venus, Sonne, Mars, Jupiter, Saturn

Die Reihenfolge des Abstiegs: Saturn, Jupiter, Mars, Sonne, Venus, Merkur, Mond | Erde

Der Astrologe und Tarot-Experte Hajo Banzhaf hat in seinem Artikel *»Die Sieben Todsünden – astrologisch gesehen«*[20] zu jeder der Todsünden einige Fragen zusammengestellt. Diese können Ihnen bei der Meditationsübung bzw. der Vorbereitung darauf behilflich sein:

Mond:

- Was habe ich trotz vieler guter Vorsätze/Anläufe bis heute nicht verwirklicht?
- Wie groß ist mein Konto ungelebten Lebens?
- Wo ist es mir peinlich, wenn das Gespräch auf ein Thema kommt, das »eigentlich« schon längst erledigt sein sollte?
- Wo mogle ich lieber oder belüge mich selbst, weil ich lieber glaube, »eigentlich« schon viel weiter zu sein?

Merkur:

- Wo kann ich einem Menschen partout nichts gönnen?
- Wann habe ich jemanden »ganz sachlich« schlecht gemacht? Was waren meine wahren Motive?
- Wo raubt mir das Glück, der Erfolg oder der Reichtum eines anderen den Seelenfrieden?
- Wann habe ich mich hämisch über den Schaden eines anderen gefreut?
- Wo bin (oder war) ich voller Hass?
- Wie stark faszinieren mich Katastrophenmeldungen?

Venus:

- Was schlägt mich immer wieder in Bann und lässt mich Dinge tun, die ich eigentlich nicht (mehr) tun will?
- Wo schieße ich immer wieder über das Ziel, das rechte Maß, hinaus?[21]
- Wo bin ich süchtig (Rausch, Spiel, Computer, Konsum, Sex)?
- Wo spüre ich, dass ich innerlich abstumpfe?

Sonne:

- Wo oder unter welchen Umständen wäre es für mich ein Horror, um Hilfe bitten zu müssen?
- Wie schnell erlebe ich etwas als Schikane?
- Wann habe ich jemandem süffisant bewiesen, dass ich ihn nicht brauche?
- Aus welchen Bereichen habe ich mich in stolzer Resignation zurückgezogen?
- Wo schaue ich auf Menschen herab, die »noch nicht so weit« sind, die »das« noch nötig haben?
- Wie schnell bin ich empört?

Mars:

- Wo brause ich auf und würde am liebsten sofort zuschlagen?
- Wo räche ich mich (für verletzten Stolz), indem ich jemanden freundlich anlächle, aber am ausgestreckten Arm verhungern lasse?
- Wie leicht lasse ich mich aus Ungeduld zur Unachtsamkeit hinreißen?
- Wie oft hört man mich fluchen?
- Wo räche ich mich durch Schaden, den ich mir selbst zufüge?

Jupiter:

- Wovon kann ich den Hals nicht voll genug bekommen?
- Was stopfe ich blind in mich hinein?
- Womit betäube ich mich?
- Wo scheint mir »je mehr – desto besser«?

Saturn:

- Was kann ich auf keinen Fall mit jemandem teilen?
- Was hätte ich gern und leiste es mir nicht, obwohl ich es mir gut leisten könnte?
- Wo und was horte ich einfach um des Hortens willen?
- Habe ich meine Seele für etwas verkauft, was mir Sicherheit verspricht?
- Wo lebe ich weit unter meinen Möglichkeiten?

Die Berechnung der essenziellen Würden

Die nachfolgende Tabelle zeigt die essenziellen Würden des Tierkreises. Um festzustellen, wie viel essenzielle Würde ein Planet hat, sucht man seine Position in dieser Tabelle.

Die Spalte »Domizil« zeigt an, welcher Planet in dem jeweiligen Zeichen die stärkste Würde, nämlich die Zeichenherrschaft, hat.

Die Spalte »Erhöhung« zeigt an, welcher Planet im jeweiligen Zeichen erhöht steht.

Die Spalte »Triplizität« zeigt an, welcher Planet Triplizitätswürde im jeweiligen Zeichen besitzt. Dabei wird für Taghoroskope der linke Planet verwendet, für Nachthoroskope der rechte Planet in der Spalte. Es gibt andere Zuordnungen zu den Triplizitäten, in denen auch ein gemeinsamer Herrscher über Tag und Nacht angegeben wird. Dieses System dient jedoch anderen Zwecken. Für die in diesem Buch vorgestellte Technik wird nur der jeweilige Tag- bzw. Nachtherrscher verwendet.

Die Grenzen sind ein System, bei dem jedem der fünf Planeten (ohne die Lichter) ein bestimmter Abschnitt im Zeichen zugeordnet wird. Auch hier gibt es unterschiedliche Systeme. Die hier angegebenen Grenzen sind, im Gegensatz zu anderen Methoden, logisch konstruierbar und funktionieren ausgezeichnet. Die Zahl gibt dabei das jeweilige absolute Ende der Grenze an. Jupiter beherrscht die ersten 6 Grad des Widders. Also von 0° 00 Widder bis 5° 59' 59.99999". Bei 6° 00 beginnt die Grenze der Venus und so weiter.

Zeichen	Domizil	Erhöhung	NT Triplizität	Ptolemäische Grenzen (Ende der jeweiligen Grenze)					Gesicht (je 10°)	Exil	Fall	Zeichen
♈	♂	☉ (19°)	☉ ♃	♃ 6°	♀ 14°	☿ 21°	♂ 26°	♄ 30°	♂ ☉ ♀	♀	♄	♈
♉	♀	☽ (3°)	♀ ☽	♀ 6°	☿ 15°	♃ 22°	♄ 26°	♂ 30°	☿ ☽ ♄	♂		♉
♊	☿		♄ ☿	☿ 6°	♃ 14°	♀ 21°	♄ 25°	♂ 30°	♃ ♂ ☉	♃		♊
♋	☽	♃ (15°)	♂ ♂	♂ 6°	♃ 13°	☿ 20°	♀ 27°	♄ 30°	♀ ☿ ☽	♄	♂	♋
♌	☉		☉ ♃	♄ 6°	☿ 13°	♀ 19°	♃ 25°	♂ 30°	♄ ♃ ♂	♄		♌
♍	☿	☿ (15°)	♀ ☽	☿ 6°	♀ 13°	♃ 18°	♄ 24°	♂ 30°	☉ ♀ ☿	♃	♀	♍
♎	♀	♄ (21°)	♄ ☿	♄ 6°	♀ 11°	♃ 19°	☿ 24°	♂ 30°	☽ ♄ ♃	♂	☉	♎
♏	♂		♂ ♂	♂ 6°	♃ 14°	♀ 21°	☿ 27°	♄ 30°	♂ ☉ ♀	♀	☽	♏
♐	♃		☉ ♃	♃ 6°	♀ 14°	☿ 19°	♄ 25°	♂ 30°	☿ ☽ ♄	☿		♐
♑	♄	♂ (28°)	♀ ☽	♀ 6°	☿ 12°	♃ 19°	♂ 25°	♄ 30°	♃ ♂ ☉	☽	♃	♑
♒	♄		♄ ☿	♄ 6°	☿ 12°	♀ 20°	♃ 25°	♂ 30°	♀ ☿ ☽	☉		♒
♓	♃	♀ (27°)	♂ ♂	♀ 6°	♃ 14°	☿ 20°	♂ 26°	♄ 30°	♄ ♃ ♂	☿	☿	♓
Punkte:	+5	+4	+3	+2					+1	-5	-4	Punkte
Zeichen	Domizil	Erhöhung	NT Triplizität	Ptolemäische Grenzen (Ende der jeweiligen Grenze)					Gesicht (je 10°)	Exil	Fall	Zeichen

Abb. 5

Die »Gesichter« oder Dekanate sind 10°-Abschnitte entsprechend der chaldäischen Reihe, beginnend mit Mars auf 0° Widder.

Die Spalte »Exil« zeigt, welcher Planet im jeweiligen Zeichen im Exil steht.

Die Spalte »Fall« zeigt, welcher Planet im jeweiligen Zeichen im Fall ist.

Die allgemein verwendete Punkteverteilung ist in der Spalte »Punkte« angegeben. So bekommt ein Planet, wenn er in seinem eigenen Domizil steht 5 Punkte, in der eigenen Erhöhung 4, in der eigenen Triplizität 3, in den eigenen Grenzen 2 und im eigenen Gesicht 1 Punkt. Exil wird mit -5 Punkten angegeben und Fall mit - 4 Punkten.

Zu den Punkten ist allerdings eine Warnung auszusprechen: Sie dienen nur einer groben Einschätzung und stellen keine arithmetisch exakten Werte dar. Was uns interessiert: Ist der Planet »sehr gut«, »gut«, »mäßig gut«, »schlecht« oder »sehr schlecht«. Ein Planet, der keinerlei Würde an seiner Position hat, wird als »peregrin« bezeichnet, als »Fremder«. In manchen Quellen wird dies mit -3 angegeben (die Angabe von -5, welche Peregrinität ebenso schlecht macht wie das Exil, ist offensichtlich ein Druckfehler).

Planeten können gemischte Würden haben. Mars im Krebs zum Beispiel ist in seiner Triplizität, aber auch in seinem Fall. Damit scheidet Mars als Geburtsherrscher aus! Selbst wenn er überdies in seinem Gesicht stünde, also insgesamt +1 Punkt hätte (+3 für Triplizität, +2 für Gesicht und -4 für Fall = +1), überwiegt der Fall (oder das Exil) alles andere. Mars bleibt ein Bösewicht. Auch wenn er vielleicht nicht ganz so böse ist, als wenn er nur im Fall wäre. Planeten im Exil oder Fall scheiden automatisch als Geburtsherrscher aus.

Um den Geburtsherrscher zu finden, berechnen Sie also den Punktewert aller Planeten im Horoskop. Nur Planeten, die essenziell stark sind, kommen überhaupt in Frage!

Folgende Tabelle mag für die Berechnung der essenziellen Würden hilfreich sein:

	Domizil	Erhöhung	Trip	Term	Gesicht	Exil	Fall	Gesamt
♄								
♃								
♂								
☉								
♀								
☿								
☽								

Gehen Sie der Reihe nach alle Planeten durch. Steht ein Planet im eigenen Domizil, so tragen Sie in der Spalte »Domizil« +5 ein und so weiter. In der Spalte »Gesamt« zählen Sie dann die Werte der ganzen Reihe zusammen und haben so den Gesamtwert an essenzieller Würde.

Beispiel: Saturn im Horoskop von Johnny Cash:

Saturn steht auf 00° 15' Wassermann und damit im eigenen Domizil. Es ist ein Taghoroskop, also in eigener Triplizität, und da die ersten Grade des Wassermanns die Grenzen des Saturns sind, auch in seinen Grenzen.

	Domizil	Erhöhung	Trip	Term	Gesicht	Exil	Fall	Gesamt
♄	5	–	3	2	–	–	–	10

Sollte überhaupt nur ein Planet essenzielle Würde haben, so brauchen Sie die akzidentelle Würde gar nicht erst zu berechnen. Dieser Planet ist dann der Geburtsgebieter. Hat der Planet jedoch keine akzidentelle Würde, wird es entsprechend schwer, ihn ins Leben zu bringen. Aber trotzdem ist er alles, was wir haben!

In der Regel haben wir jedoch mehr als einen Planeten mit essenzieller Würde. Daher müssen Sie auch die akzidentelle Würde eines jeden Planeten berechnen.

Checkliste akzidenteller Würden

Wichtig

- In welchem Haus steht der Planet?
- Steht er in seiner Freude?
- Ist er rückläufig?
- Ist er schnell, langsam oder stationär?
- Ist er verbrannt, unter den Strahlen der Sonne, in Opposition zur Sonne oder *Cazimi*?
- Wird er belagert oder durch die Strahlen belagert?
- Wird er eng aspektiert?
- Steht er auf einem der Mondknoten?
- Steht er auf Spica, Regulus oder Algol?
- Hat der Mond Licht? Nimmt er zu oder ab?
- Ist der Mond im Leerlauf?
- Steht der Mond in der *Via combusta* (verbrannte Straße)?

Weniger wichtig

- Wie geht er im Verhältnis zur Sonne auf?
- Steht er im Halb oder Hayz?

In William Lillys Christliche Astrologie finden wir, ähnlich wie für die essenziellen Würden, Punktwerte für die akzidentellen Würden. Diese können als Anhaltspunkte benutzt werden. Man sollte sich aber nicht zu sehr auf das mechanische Zusammenrechnen diverser Punkte versteifen. Es geht wieder generell darum, ob der Planet »gut«, »mittel« oder »schwach« ist.

Essentielle Würden		Schwächen	
Ein Planet		Ein Planet	
in seinem eigenen Haus oder wechselseitiger Rezeption durch das Haus	5	in seinem Exil in seinem Fall	– 5 – 4
in Erhöhung, Rezeption durch Erhöhung	4	peregrin	– 5
in der eigenen Triplizität	3		
in seiner eigenen Grenze	2		
in seinem Dekanat	1		
Akzidentielle Stärken		**Akzidentielle Schwächen**	
am MC oder AC	5	im 12. Haus	– 5
im 7., 4. oder 11. Haus	4	im 8., 6. Haus	– 2
im 2. oder 5. Haus	3	rückläufig	– 5
im 9. Haus	2	langsam in der Bewegung	– 2
im 3. Haus	1	♄, ♃, ♂ westlich	– 2
direktläufig (☉ und ☽ grundsätzlich immer, gilt für sie nur im Leerlauf)	4	☿, ♀ östlich abnehmender Mond	– 2 – 2
schnell in der Bewegung	2	verbrannt von der Sonne unter Sonnenstrahlen	– 5 – 4
♄, ♃, ♂ östlich	2	partile ☌ mit ♄, ♂	– 5
☿, ♀ westlich	2	partile ☌ mit ☋	– 4
zunehmender Mond oder westlich	2	Belagerung von ♄, ♂ partile ☍ von ♄, ♂	– 5 – 4
frei von Verbrennung und Sonnenstrahlen	5	partiles □ von ♄ oder ♂	– 3
im Herzen der Sonne oder Cazimi	5	☌ mit Caput Algol in 20° ♉ [*nun 26°04* ♉]	– 5
partile ☌ mit ♃, ♀	5		

Akzidentielle Stärken		Akzidentielle Schwächen
partile ☌ mit ☊	4	
partiles △ zu ♃, ♀	4	
partile ⚹ mit ♃, ♀	3	
in ☌ mit Cor Leonis in 24° ♌ [*heute 29°40 ♌*]	6	
in ☌ mit Spica ♍, in 18° ♎ [*heute 23°40 ♎*]	5	

Häuser

Generell gilt:

Eckhäuser: stark
Nachfolgende Häuser: mittel
Fallende Häuser: schwach

Wobei Haus 9 und Haus 3 (in Bezug auf die Stärke) quasi als »Nachfolgend ehrenhalber« eingestuft werden, Haus 8 aber genauso »schwach« oder »böse« wie Haus 6 und 12 ist.
Wir können also als Faustregel aufstellen:

Eckhäuser sind stark.
Haus 6, 8 und 12 sind schwach.
Alle anderen sind neutral.

Freuden

Ein Planet fühlt sich im Haus seiner Freude einfach besser und hat daher etwas mehr die Möglichkeit und Macht zu handeln, wie es seiner Natur entspricht.
Die Planeten haben ihre Freuden in folgenden Häusern:

Planet	Haus der Freude
Saturn	12 (klar, der böseste Bube im bösesten Haus)
Jupiter	11 (klar, der gute Junge im glücklichsten aller Häuser)
Mars	6 (der zweite schlimme Finger im Krankheitshaus)
Sonne	9 (der würdevolle Lebensspender und Signifikator für den »Geist« im Haus der Spiritualität und der Religion gern gesehen!)
Venus	5 (die Verführerin im Haus von allem, was Spaß macht)
Merkur	1 (der doppelgeschlechtliche Götterbote im Haus, das an der Grenze zwischen Tag und Nacht steht)
Mond	3 (der schnellste Planet im Haus der Kommunikation, der Nachrichten und der Bewegung)

Einflüsse der Sonne

Ich würde dringend davon abraten, Planeten fünf Punkte zu geben, die frei von den Strahlen der Sonne sind, wie Lilly es tut: Frei von der Sonne ist »normal«, verbrannt oder unter den Strahlen ist »schlecht«. Ich muss daher nicht den »normalen« Zustand extra bewerten.

Verbrennung ist ein schwerer Schaden für einen Planeten.

Denken Sie an die Sage von Ikarus und Dädalus: Ikarus kam der Sonne zu nahe und fand so seinen Tod.

Technisch gesehen ist ein Planet verbrannt, wenn er sich im Umkreis von 8,5° zur Sonne und im selben Zeichen wie diese befindet.

Es gibt darüber Diskussionen, weil die Verbrennung ja etwas zu tun hat mit der Sichtbarkeit des Planeten. So nahe an der Sonne sieht man den Planeten nicht, weil die Sonne ihn überstrahlt. Der Planet hat kein eigenes Licht! Aber: Zeichengrenzen sind wie Wände. Es ist ein Unterschied, ob ich mich in dem Zimmer befinde, in dem es brennt, oder aber im Nebenzimmer, wo ich durch eine Wand geschützt werde. Ich kann näher am Feuer sein, wenn ich an der Wand stehe und das Feuer direkt auf der gegenüberliegenden Seite der Wand, im anderen Zimmer, brennt. Dennoch ist es gefährlicher für mich, wenn ich mich mit dem Feuer im selben Raum befinde.

Wenn ein Planet nahe der Sonne, aber im anderen Zeichen ist, wird dies wie *Unter den Strahlen der Sonne* gewertet.

Ist ein Planet im eigenen Zeichen verbrannt, gilt dies nicht als Schaden. Der Planet disponiert nämlich die Sonne und hat so Macht über sie, die Sonne ihrerseits hat Macht über den Planeten durch die Verbrennung (Beispiel: Sonne 23° Stier, Venus 18° Stier). Dies ist eher wie eine gegenseitige Rezeption zu werten und stellt keinen Schaden dar. Auch wenn die 8,5° als Grenze für die Verbrennung angegeben werden, gibt es auch im Rahmen der Verbrennung Unterschiede. Ein Planet, der von der Sonne separiert und schon 8° Grad weg ist, ist natürlich wesentlich weniger geschädigt, als ein Planet, der 2° von der Sonne entfernt steht und sich ihr gerade annähert.

Neben der zerstörerischen Kraft, die die Verbrennung hat, gibt es eine weitere Bedeutung: Wie erwähnt, kann ein Planet, der so nahe der Sonne steht, nicht gesehen werden. Etwas ist verborgen.

Cazimi

Mitten im Herzen der Sonne befindet sich eine kleine Oase, genannt *Cazimi*. Um im Herzen der Sonne zu stehen, muss ein Planet innerhalb von 17,5 Bogenminuten zur Sonne stehen (Die halbe Bogenminute können wir dabei vernachlässigen). Die Breite des Planeten ist dabei völlig unwichtig! Sie ist eine Erfindung moderner Astrologen.

Während die Verbrennung, wie gesagt, das Schlimmste ist, was einem Planeten passieren kann, ist *Cazimi* das Beste. *Ca-*

zimi wird in den traditionellen Texten verglichen mit einem Mann, der erhöht wurde und zur Rechten des Königs sitzt. Wenn man der Favorit des Königs ist, einen Platz in seinem Herzen gefunden hat, hat man höchsten Einfluss. Es ist, als würde der Planet die ganze Kraft der Sonne erhalten, um zu wirken. Eigentlich unnötig es zu sagen: Um *Cazimi* zu sein, muss der Planet im selben Zeichen sein wie die Sonne.

Unter den Strahlen der Sonne

Außerhalb des Bereichs der Verbrennung liegt ein Bereich, der *Unter den Strahlen der Sonne* bekannt ist. Andere Ausdrücke, die man liest, sind: Unter den Strahlen oder *sub radiis*. Im Weiteren kürze ich diesen Bereich einfach mit USS ab.

Der Bereich erstreckt sich von 17,5° vor, bis 17,5° nach der Sonne. Bei Merkur und Venus, die immer recht nahe der Sonne stehen, kann man dies eventuell auf 13° oder 15° Grad begrenzen. Verbrennung geht also bis 8,5° vor und nach der Sonne, und von 8,5° bis 17,5° sind dann die Strahlen.

Die Strahlen der Sonne sind nicht so schlimm wie die Verbrennung, aber immer noch schädigend, da der Glanz des Königs den Planeten immer noch überstrahlt.

Wie bei der Verbrennung muss man wieder die Situation beobachten: 9° und annähernd zur Sonne (also kurz vor der Verbrennung) ist ein ernsthafter Schaden, 16° und separierend von der Sonne ist unerheblich.

Um USS zu sein, muss ein Planet nicht im selben Zeichen wie die Sonne stehen.

Diese Grenzen kommen vom scheinbaren Durchmesser der Sonnenscheibe, der ungefähr 35 Bogenminuten beträgt. (Das ist hilfreich, wenn man den Sternenhimmel beobachtet. Mond und Sonne haben für uns den gleichen Durchmesser, der ungefähr ein halbes Grad beträgt. Das liegt daran, das die Sonne zwar ungefähr 1000-mal so groß ist wie der Mond, aber auch 1000-mal so weit weg.)

17,5' ist der Radius der Sonnenscheibe, und alles, was sich auf der Ekliptik in diesem Bereich befindet, wird von der Sonnenscheibe verdeckt (Breite ist dabei unerheblich, siehe *Cazimi*, im »Herzen der Sonne«.) Diese Zahlen werden dann eine »Einheit« nach oben gesetzt, von Minuten zu Grad. So kommt man zu den Strahlen der Sonne. Man sieht Planeten im Umkreis von ca. 17,5° nicht, weil sie vom Licht der Sonne überstrahlt werden. Bei Verbrennung ist dann dieser Radius noch einmal halbiert.

Opposition zur Sonne

Der Bereich im Umkreis von 8° zur Opposition der Sonne (also 172° bis 188° Abstand zur Sonne) ist ebenfalls eine extrem geschädigte Stellung. Nicht ganz so schlimm wie Verbrennung, aber auch nicht wirklich viel besser. So etwas wie *Cazimi* gibt es für diesen Bereich nicht.

Direktläufigkeit, langsame oder schnelle Bewegung, Rückläufigkeit, Stationen

Ebenso seltsam wie Punkte für Frei von den Strahlen zu vergeben, mutet es an, dass Punkte für Direktläufigkeit vergeben werden sollten. Direkt ist normal, rückläufig ist »in die falsche Richtung«. Für Rückläufigkeit Punkte abzuziehen, ist in Ordnung. Der Planet läuft in die falsche Richtung, gegen die »natürliche Ordnung der Dinge«. Alles, was gegen die natürliche Ordnung der Dinge läuft, entwickelt sich in der Regel niemals zum Guten. Aber für Direktläufigkeit zusätzlich Punkte zu vergeben, erscheint etwas zu viel des Guten. Langsame Bewegung und die Stationen sind ebenfalls akzidentelle Schäden. Schnelle Bewegung wird als gut gewertet. Wobei dies zum Beispiel für Saturn, dessen Natur Langsamkeit und Schwere sind, seltsam erscheint. Bei ihm würde man eher annehmen, dass eine überdurchschnittlich schnelle Bewegung ein Schaden ist, da diese nicht seiner Natur entspricht. Kein Planet läuft genau seine Durchschnittsgeschwindigkeit. Folgende Tabelle gibt ungefähre Richtwerte dafür, wann ein Planet schnell und wann er langsam ist:

Planet	Durchschnittliche Tagesbewegung
♄	00° 02'
♃	00° 05'
♂	00° 31'
♀	00° 59'
☿	00° 59'
☽	13° 11'

Planet	Schneller, wenn mehr als:	Langsamer, wenn weniger als:
♄	0° 05'	0° 02'
♃	0° 10'	0° 05'
♂	0° 40'	0° 30'
♀	1° 10'	0° 50'
☿	1° 30'	0° 59'
☽	13° 30'	12° 30'

Die Sonne ist nie signifikant schnell oder langsam!

Stationär

Ein Planet, der von der Direktläufigkeit zur Rückläufigkeit oder von der Rückläufigkeit zur Direktläufigkeit wechselt, geht immer durch einen stationären Zustand. In dieser Zeit scheint er am Himmel still zu stehen. Diese Stationen sind extrem wichtig.

Denn diese Zeit stellt eine Zeit extremer Schwäche und Verletzlichkeit des Planeten dar. Nur die zwingendsten, stärksten Umstände können ihn zu dieser Zeit handlungsfähig machen.

Die erste Station, von der Direktläufigkeit zur Rückläufigkeit, wird traditionell verglichen mit einem »Mann, der sich krank fühlt, ins Bett legt und weiß, dass es noch viel schlimmer werden wird«. Die zweite Station, von der Rückläufigkeit zur Direktläufigkeit, hingegen ist wie ein »Mann, der zum ersten Mal das Krankenbett nach einer langen Krankheit verlässt und weiß, dass es von nun an besser wird«. Letztere Beschreibung klingt allerdings etwas zu positiv für die zweite Station. Der Mann ist noch lange nicht wieder im Vollbesitz seiner Kräfte!

Belagerung

Steht ein Planet zwischen zwei Übeltätern, nennt man ihn *belagert*. Egal, in welche Richtung er sich wendet, überall steht ein Bösewicht. Es bleibt also nur die Wahl zwischen dem Regen und der Traufe.

Auch zwischen zwei Wohltätern ist der Planet belagert, aber in diesem Fall ist das sehr gut. Egal, wohin man sich wendet, man erhält reichhaltige Geschenke.

Achtung: Wie immer muss der Zustand der Planeten, die belagern, mit berücksichtigt werden! Zwischen Mars und Saturn im Steinbock zu stehen, wo beide eine Menge essenzieller Würde haben, ist nicht so schlimm. Zwischen Jupiter und Venus in der Jungfrau, in der beide extrem geschädigt sind, zu stehen, ist zerstörerisch.

Je näher die belagernden Planeten sind, desto stärker ist ihre Wirkung. Stehen sie nicht im selben Zeichen wie der belagerte Planet, ist die Wirkung belanglos.

Belagerung durch die Strahlen

Statt direkt durch die Übeltäter/Wohltäter belagert zu sein, kann es auch vorkommen, dass der Signifikator einen Aspekt zwischen die beiden wirft. Er ist dann durch die »Strahlen« der beiden anderen belagert. Ein Beispiel:

Venus auf 5° Fische, Jupiter auf 8° Fische und ein Planet auf 6° Fische. Der Planet auf 6° Fische ist in starker, positiver »körperlicher« Belagerung durch Jupiter und Venus. Ein Planet auf 6° Skorpion ist nicht körperlich belagert, sondern wirft sein Trigon genau zwischen die beiden Belagerer. Er ist »durch die Strahlen« belagert. (Man kann es auch anders sehen: Jupiter wirft sein Trigon auf 8° Skorpion, Venus ihres auf 5° Skorpion, und der Planet steht zwischen den »Strahlen« der beiden. Andersherum ist es aber leichter zu denken).

Diese Belagerung ist ähnlich wie die körperliche, aber wesentlich schwächer.

Aspekte

Ein Planet, der in engem Aspekt zu einem anderen Planeten steht, wird durch diesen anderen Planeten beeinflusst. In den alten Texten werden Aspekte zu Jupiter und Venus als stärkend, zu Mars und Saturn als schwächend angesehen.

Das ist nicht notwendigerweise so. Wir müssen wieder die Würden und den Zustand der aspektierenden Planeten beachten. Jupiter und Venus in Debilität helfen nicht, Mars und Saturn in essenzieller Würde schaden nicht. Aber auch das muss wieder im Gesamtzusammenhang betrachtet werden. Ein starker Jupiter, der Herrscher von 8 ist, macht die Person darum nicht weniger tot. Auch die Rezeptionen sind wichtig. Venus in den Fischen ist sehr stark. Aber sie steht in Vernichtung des Merkurs. Also wird sie dem Merkur nicht viel helfen.

Ich wäre darum auch vorsichtig mit der Regel, dass Übeltäter nur durch Quadrate und Oppositionen, Wohltäter aber nur durch Trigone und Sextile wirken können, um die Stärke oder Schwäche eines Planeten zu beeinflussen. (Das findet man bei Lilly und anderen klassischen Autoren.)

Generelle Regel: *Je enger, desto stärker!*

Je enger, je genauer ein Aspekt ist, desto stärker wird seine Wirkung sein.

Zusätzlich muss aber die eigene Stärke des aspektierenden Planeten berücksichtigt werden. Eine Opposition von Saturn aus dem 10. Haus, in dem dieser eine Menge akzidenteller Würde hat, wird sich stärker auswirken, als eine Opposition von Saturn aus dem 6. Haus, aus dem heraus er sich nur schwer manifestieren kann.

Mondknoten

Die beiden Mondknoten liegen sich im Tierkreis gegenüber. Sie stellen die Schnittpunkte zwischen der scheinbaren Umlaufbahn des Mondes und der Sonne um die Erde dar.

Die Knoten werfen weder Aspekte noch können sie Aspekte empfangen. Sie beeinflussen Planeten nur durch Konjunktionen. Der nördliche Mondknoten erweitert, erhöht und vermehrt, der südliche Mondknoten verringert, begrenzt und vermindert.

Fixsterne

Es werden nur Konjunktionen zu Fixsternen verwendet, keine Aspekte! Die wichtigsten Fixsterne zur Bestimmung der akzidentellen Würden sind Regulus, Spica und Caput Algol.

Regulus gibt große Macht für das Erreichen materieller Ziele. Er bringt nicht notwendigerweise Glückseligkeit, er bringt Erfolg.

Spica ist allgemein glücklich: Er hat nicht die Willenskraft, die man bei Regulus erkennt, ist aber ein viel glücklicherer Stern. Er ist stark beschützend und zeigt an, dass die Konsequenzen nicht ganz so schlimm werden, selbst wenn die Dinge nicht so laufen, wie man es sich wünscht.

Caput Algol bringt Schwierigkeiten. Die gängige Beschreibung ist »den Kopf verlieren«. Wörtlich oder metaphorisch, mit unglücklichen Resultaten.

Der Mond

Allgemein gilt, dass der Mond, je mehr »Licht« er hat, je näher er am Vollmond steht, desto stärker wirkt. Licht bedeutet für den Mond Handlungsfähigkeit.

Zunehmend ist er stärker, *abnehmend* ist er schwächer (also zum Vollmond hin oder vom Vollmond weg).

Genau bei Vollmond allerdings ist er schwach (siehe »Opposition zur Sonne, oben).

Die optimale Position für den Mond ist das zunehmende Trigon zur Sonne. Er hat eine Menge Licht und nimmt noch weiter zu.

Mond im Leerlauf

Es gibt Diskussionen darüber, wann der Mond im Leerlauf ist. Die moderne Methode ist, zu prüfen, ob er noch einen Aspekt *vollendet*, bevor er das Zeichen verlässt.

Maurice McCann, ein irischer Astrologe, hat hierzu viel geschrieben. Lilly schreibt nämlich, dass der Mond im Leerlauf ist, wenn er sich keinem Aspekt *annähert.*

Das hat gewisse Konsequenzen. Der Mond kann nämlich in der Mitte des Zeichens auch im Leerlauf sein, wenn er außerhalb der Moities-Annäherung zu jeglichem anderen Planeten steht.

(vgl. Abb. 4). Maurice schließt daraus, dass der Mond nicht unbedingt an der Zeichengrenze im Leerlauf sein muss. Dann nämlich, wenn er sich in der Moities-Annäherung zu einem anderen Planeten befindet, auch über die Zeichengrenze hinaus.

Ich selber verwende diese Herangehensweise nicht. Zeichengrenzen verhindern jeden Aspekt, auch die des Mondes! Allerdings beachte ich es, wenn der Mond in der Mitte oder am Anfang eines Zeichens eine lange Strecke zurücklegen muss, bevor er einen Aspekt macht. Dies bedeutet meist, dass – wenn nicht ein anderer relevanter Aspekt zwischen Signifikatoren zustande kommt – wenig in der Sache passiert, oder erst sehr spät. Der Mond ist dann ebenfalls »im Leerlauf«. Beispiel: Mond auf 4° Stier separiert von einem Sextil zur Venus auf 3° Krebs. Der nächste Aspekt, den der Mond machen wird. ist auf 22° Stier. Das kann als Leerlauf gezählt werden.

Via Combusta

Als *Via combusta*, als »verbrannte Straße«, wird der Bereich zwischen 15° Waage und 15° Skorpion bezeichnet. Sie bezieht sich nur auf den Mond, der in diesem Bereich des Tierkreises überhaupt nicht sein möchte. Die Stellung in der *Via combusta* macht den Mond nicht schwächer, sondern sie bereitet ihm Kummer. Beachten Sie auch wieder, ob der Mond die Straße gerade betritt oder verlässt.

Halb und Hayz

Weitere akzidentelle Würden sind *Halb und Hayz*. Um im *Halb* zu stehen, muss ein Tagplanet (Saturn, Sonne, Jupiter, Merkur, wenn er vor der Sonne aufgeht) in einem Taghoroskop über dem Horizont stehen oder in einem Nachthoroskop unter dem Horizont. Ein Nachtplanet (Mars, Venus, Mond, Merkur, wenn er nach der Sonne aufgeht) muss in einem Nachthoroskop über dem Horizont stehen und in einem Taghoroskop unter dem Horizont.

Ist diese Bedingung erfüllt, steht der Planet im *Halb*: in der richtigen Hälfte. *Hayz* ist dann erfüllt, wenn der Planet im Halb steht und zusätzlich in einem Zeichen, dass seinem Geschlecht entspricht. Männliche Planeten (Sonne, Saturn, Mars, Jupiter, Merkur, wenn er vor der Sonne aufgeht) also in männlichen Zeichen (Feuer- und Luftzeichen), weibliche Planeten (Venus, Mond, Merkur, wenn er nach der Sonne aufgeht) in weiblichen Zeichen (Wasser- und Erdzeichen).

Will man es ganz genau nehmen, kann man auch schauen, ob der Planet in nördlicher Breite zunimmt, was als positiv gilt, oder aber stärker nach Süden wandert, was als negativ gilt. Der Aufgang zur Sonne wird ebenfalls berücksichtigt. Die äußeren Planeten gelten als besser, wenn sie vor der Sonne aufgehen, die inneren, wenn sie nach der Sonne aufgehen.

Soweit ein Überblick über die akzidentellen Würden. Lassen Sie uns wieder das Beispiel von Johnny Cashs Saturn heranziehen. Es werden die Punkte von William Lilly verwendet, mit der Abweichung, dass weder für Direktläufigkeit noch für Freiheit von der Sonne Punkte vergeben werden:

Haus 11: 4
Freude: -
Frei: 0
Okzidentalisch: -2 (geht als äußerer Planet nach der Sonne auf)
Direkt: 0
Hayz: 3 (Tagplanet im Taghoroskop über dem Horizont und männlicher Planet in männlichem Zeichen)
Schnell: 2 (Wie gesagt: Es stellt sich die Frage, ob dies bei Saturn wirklich ein Vorteil ist. Bis dies geklärt ist, lassen wir es aber bei der altbekannten Zuordnung)
Breite (S+): -2 (ist südlich und steigt weiter Richtung Süden ab)
Gesamt: 5

Jetzt haben wir einen Eindruck gewonnen von der essenziellen Qualität und der akzidentellen Stärke eines jeden Planeten.

Um den einflussreichsten Planeten festzustellen, müssen wir etwas anders vorgehen. Jetzt interessiert uns nicht, wie stark ein Planet selbst ist, sondern wie stark sein Einfluss mittels Disposition über die anderen Planeten ist. Dabei gilt nicht nur die Disposition über das Zeichen, sondern über alle anderen positiven Würden.

Faktor	♄	♃	♂	☉	♀	☿	☽
♄							
♃							
♂							
☉							
♀							
☿							
☽							
⊕							
AC							
MC							
Total:							

Die linke Spalte zeigt die zu berücksichtigenden Faktoren im Horoskop. Die oberste Zeile zeigt die sieben Planeten, deren Einfluss wir bestimmen wollen. Sie schauen jetzt nach: In wessen Domizil befindet sich Saturn? In der Spalte des entsprechenden Planeten tragen Sie – in der Zeile des Saturns – +5 ein. Dann schauen Sie, in wessen Erhöhung sich Saturn befindet, und tragen dort +4 ein und so weiter für Triplizität, Gesicht und Grenze.

Nehmen wir wieder Johnny Cashs Saturn auf 00° 15' Wassermann:

Er steht im Domizil des Saturn, also bekommt Saturn +5. Niemand ist im Wassermann erhöht. Er steht in der Triplizität des Saturn, Saturn bekommt also noch einmal +3. Er steht in den Grenzen des Saturn, noch einmal +2. Er steht im Gesicht der Venus, die somit 1 Punkt erhält.

Faktor	♄	♃	♂	☉	♀	☿	☽
♄	+ 5 + 3 + 2 (10)	0	0	0	1	0	0

Jupiter, Mars, Sonne, Merkur und Mond disponieren Saturn nicht, erhalten also keine Punkte.

Wenn man das für alle genannten Faktoren gemacht hat, braucht man nur noch die Punkte in den Spalten der Planeten zusammenzählen und findet so den einflussreichsten Planeten, den mit dem höchsten Punktwert. Im Horoskopbeispiel 1, Rudolf Steiner, finden Sie die Tabelle komplett ausgearbeitet.

Beispiele

Beispiel 1

Lassen Sie uns zunächst einen Blick auf Abbildung 6 werfen. Welche Planeten sind in diesem Horoskop »gefährlich«? Mars an der Spitze des 7. Hauses steht prominent und ist qualitativ sehr schlecht, da er im Exil steht. Er ist auch Herrscher von 1.

Merkur steht ebenfalls sehr schlecht, da er sich im Exil und im Fall befindet.

Berechnen wir den einflussreichsten Planeten nach der im Anhang angegebenen Methode, so erhalten wir folgende Tabelle:

Faktor	♄	♃	♂	☉	♀	☿	☽
♄				1		5+4+2	3
♃		3+2	1	5			
♂					5+2	1	4+3
☉	1	5	3		4+2		
♀	5				2	3+1	
☿		5	3+2+1		4		
☽		3			1	5+4	3
⊕	1	2			5		4+3
AC		2	5+3	1			
MC		3+2	1	5			
Total	7	27	19	12	25	25	20

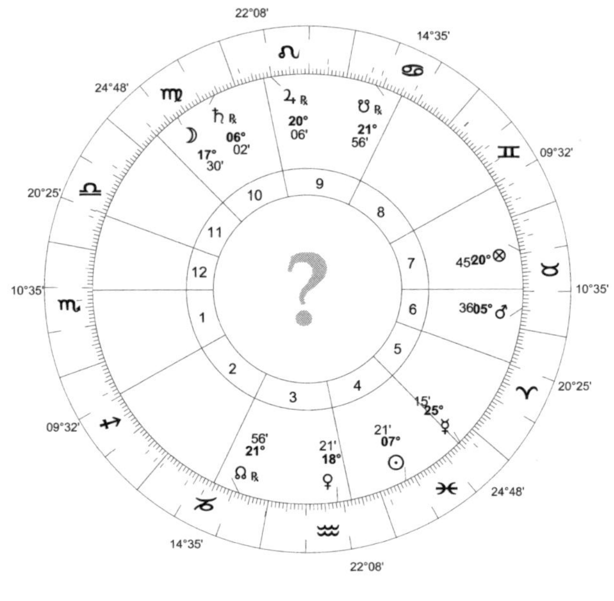

Abb. 6

Jupiter ist der einflussreichste Planet. Das ist sehr gut, wie wir gleich sehen werden. Venus und Merkur sind ihm aber dicht auf den Fersen. Die Venus, selbst in ihren Grenzen, ist nicht besonders gut, aber besser als nichts. Merkur hingegen ist extrem schlecht. Zu seiner »Schlechtigkeit« kommt jetzt auch noch ein starker Einfluss hinzu.

Welcher Planet ist der Geburtsherrscher?

Nennenswert essenzielle Würden haben nur Jupiter (Triplizität und Grenze) und der Mond (Triplizität). Wer ist akzidentell stärker? Auf den ersten Blick Jupiter, da er an der Spitze des 10. Hauses steht. Aber er ist auch rückläufig. Dass er nach der Sonne aufgeht, wird dadurch, dass er in nördlicher Breite zunimmt, aufgehoben. Der Mond hingegen steht akzidentell nur in Triplizität, ist aber zunehmend, außerdem läuft er schneller als normal und steht im Hayz (Nachtplanet im Nachthoroskop über dem Horizont und als weiblicher Planet in einem weiblichen Zeichen). Dass er nach der Sonne aufgeht, wird durch seine zunehmende südliche Breite aufgehoben. Der Mond ist akzidentell also stärker. Dennoch kann man beide als Geburtsherrscher ansehen.

Wo sind die Probleme?

Einerseits der AC-Herrscher, Mars im Exil: Streit und Auseinandersetzungen (Mars) im Extrem (im Exil) mit Partnern, allgemein anderen Menschen und offenen Feinden (Haus 7).

Merkur in Haus 5: Probleme durch übermäßigen Genuss (Haus 5) und Schwierigkeiten in der klaren Artikulation.

Wo sind die Stärken?

Mond: in Wachstumsprozessen, in der rhythmischen Zu- und Abnahme, den vegetativen Lebensvorgängen, in der Vorstellungskraft und Imagination und im Denken (Mond ist das Denken, nicht Merkur!). Mond ist dabei Herrscher von 9: Philosophie, Religion, Weltanschauung, höheres Wissen.

Jupiter: wieder Religion, Weltanschauung, Lehren, höheres Wissen, da Jupiter natürlicher Herrscher dieser Angelegenheiten ist. Außerdem Kreativität, Schaffenskraft, Kunst, Zeugung von Kindern im konkreten wie im übertragenen Sinn, weil Jupiter Herrscher von 5 ist.

Beide Planeten greifen – aus unterschiedlicher Perspektive – die gleichen Themen auf.

Bei dem Geborenen handelt es sich um ein stark phlegmatisches Temperament, was noch einmal die Empfindsamkeit für Naturvorgänge und Wachstum sowie die Befähigung zu lehren und zu einer ausgeprägten Vorstellungskraft betont, die durch den Mond als Geburtsherrscher ideal verwirklicht werden können. Aber auch die Gefahr der Genusssucht und des »Sich-

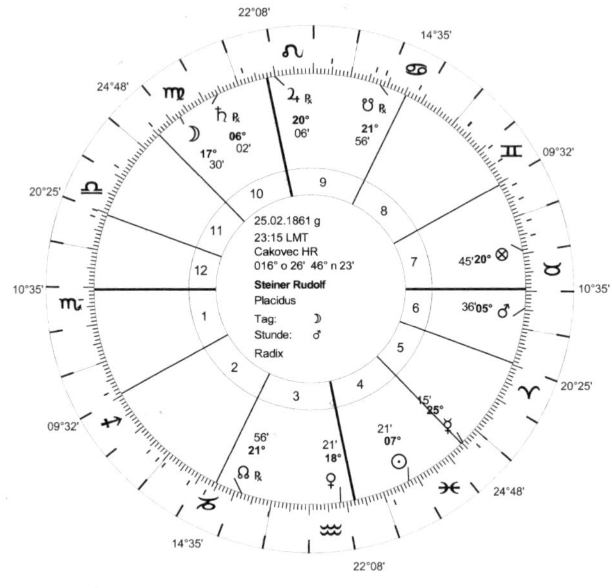

Abb. 7

Gehen-Lassens«, die das Problem dieses Temperaments sind und durch Willensanstrengung überwunden werden müssen, um die positiven Seiten des Temperaments hervorzubringen. Dies gelingt auch durch die Erdbetonung und die Betonung der fixen Zeichen. So kann das Fließende durch Ausdauer in Form gebracht werden. Verhaltensherrscher ist Jupiter, der Lehrer, Priester und Philosoph.[22]

Lassen Sie uns einmal schauen, wie sich die Analyse dieser wenigen, aber wichtigen Punkte mit dem Leben von Rudolf Steiner decken:

Den einflussreichen, aber essenziell schlechtesten Planeten Merkur im 5. Haus, dem Haus des Vergnügens, sieht man in der wilden Berliner Zeit, in der Steiner nächtelang mit Dichter-Freunden zechte, sich bewusst den Außenseitern der Gesellschaft zuwandte und wohl auch Alkoholprobleme hatte.

»Steiner war in jenen Jahren in ziemlich bedrängten Verhältnissen, oft geradezu am Verhungern, so dass er meine Einladungen immer gern annahm. So schlecht ging es ihm bis in die Weimarer, ja auch Berliner Zeit. Rosa Mayreder, die [...] ihm ihre Arbeiten vor der Veröffentlichung einzuschicken pflegte, erzählte mir, dass sie ihn in Weimar oder Berlin aufsuchte, da er ihr auf wiederholte Schreiben hin ein großes Manuskript, dass sie ihm wieder einmal gesendet hatte, nicht zu haben antwortete. Dabei habe sie das vermisste Manuskript gefunden. Er sei damals Alkoholiker gewesen, wenn auch nicht in jenem Übermaß, wie man es bei Mystikern oft findet. Erst ab der Jahrhundertwende habe Rudolf Steiner sich ganz fest in die Hand genommen und sei der geworden, als den ihn die Welt heute kennt.«[23]

Merkur ist in den Jupiter-Zeichen im Exil bzw. im Exil und im Fall. Die Art, wie man Informationen einholt, funktioniert dabei normal. Die Wiedergabe ist jedoch problematisch. Merkur, der detailgenaue Informationensammler, und Jupiter, der Lehrer, der seine Weisheit an die Schüler ausgießen will. Merkur liebt das Detail, Jupiter das »große Ganze«. Da muss es zu Problemen kommen. Daher verwundert es auch nicht, dass die ungewöhnlichen, nach Steiners eigener späterer Einschätzung teilweise sogar falschen Kommentare zu Werken von Goethe auf Kritik stießen.[24] Auch in seinen späteren Werken sind sein Gedankenfluss und seine Sprache für viele Menschen schwierig nachzuvollziehen, da jeder einzelne Satz oft eine enorme Menge an Wissen enthält. Die Vernunft im eigentlichen Wortsinne des »Vernehmens« der göttlichen Wahrheit wird durch Aspekte zwischen Mond und Merkur angezeigt. Blicken sich diese beiden Planeten nicht an (sprich: haben die Zeichen, in denen sie stehen, keinen Hauptaspekt zueinander), ist dies ein Hinweis auf Geisteskrankheit. Damit ist nicht intellektuelle Dummheit oder Ähnliches gemeint, sondern die Unfähigkeit, die göttliche Wahrheit zu empfangen und zum moralisch Guten einzusetzen. Andere Aspekte im Horoskop können hier, wie immer, ausgleichend wirken. Hier haben wir einen Aspekt, die

Opposition. Da es sich hierbei um einen Spannungsaspekt handelt, muss von einer Spannung zwischen den Empfindungen und der Artikulation des Empfundenen ausgegangen werden, Schwierigkeiten, diese klar zu artikulieren. Hier zeigt sich auch die Spannung zwischen dem im Inneren Erfahrenen und den (von Kant festgelegten?) Erkenntnisgrenzen, die durchbrochen werden müssen, um zum Wesentlichen vordringen zu können. Jedoch ist die Wahrnehmungsfähigkeit und geistige Gesundheit (auch im ethisch-moralischen Sinne) im Horoskop deutlich vorhanden. Im Gegensatz zu manchem heutigen Wissenschaftler, der zwar hochintelligent sein mag und materielle Details in höchst komplizierten Theorien, Modellen und Systemen darzustellen vermag, jedoch im Einsatz derselben völlig skrupellos sein kann. Dies ist im traditionellen Sinn tatsächlich eine geistige Behinderung.

Steiner selbst äußert sich über diese Zeit in einem Brief an seine Frau: »Ich erkenne über mich keinen Richter, denn ich weiß, was ich tue. Ich habe mich nie für etwas anderes interessiert, als was geistiger Art ist. Und wenn es in der Zeit, da ich zuerst in Berlin war, anders schien, so ist das doch auch ein Irrtum. Ich wollte damals die Literatur der jungen Leute ehrlich kennenlernen. Ich hätte deshalb mich allerdings nicht auf den Dreck dieser jungen Leute einlassen sollen. Aber das war ein ehrlicher Irrtum. Und ich habe es mit recht dreckigem Klatsch büßen müssen.«[25]

Eine wunderbare Beschreibung der negativen Auswirkungen, die sich ergeben, wenn den Verlockungen eines essenziell schlecht stehenden Planeten nachgegeben wird, entsprechend der Art dieses Planeten: »Dreckiger Klatsch« kann wörtlich für Merkur (Artikulation) im Exil und im Fall stehen.

Ab 1900 beginnt verstärkt Steiners Vortragstätigkeit. Innerhalb von 25 Jahren sind etwa 6000 Vorträge mitgeschrieben worden, die heute den Großteil des Gesamtwerks ausmachen. 1902 entstand auch der Kontakt zur theosophischen Gesellschaft, von der er sich aber 1911 distanziert, da die Führer dieser Bewegung etwas anderes lebten, als sie predigten, und er das geistige Wissen, im Gegensatz zu den Orientalisten, eigenständig aus dem abendländischen Geisteswesen herausarbeiten wollte. Zudem lehnte er die Verkündigung Krishnamurtis als Wiedergeburt Christi ab.

Er begründete die Anthroposophie. »*Während nun dasjenige, was der Mensch durch seine Sinne und durch den an die Sinnesbeobachtung sich haltenden Verstand über die Welt wissen kann, ›Anthropologie‹ genannt werden kann, so soll dasjenige, was der ›innere Mensch‹, der Geistesmensch, wissen kann, ›Anthroposophie‹ genannt werden. Anthroposophie ist also Wissen des Geistesmenschen; und es erstreckt sich dieses Wissen nicht bloß über den Menschen, sondern es ist ein Wissen von allem, was in der geistigen Welt der Geistesmensch so wahrnehmen kann, wie der Sinnesmensch in der Welt das Sinnliche wahrnimmt. Weil dieser andere Mensch, dieser innere Mensch, der Geistesmensch ist, so kann man dasjenige, was er als Wissen erlangt, auch ›Geisteswissenschaft‹ nennen. Und der Name ›Geisteswissenschaft‹ ist noch weniger neu als der Name Anthroposophie.*«[26]

Mit der vollen Konzentration auf die 9.-Haus-Themen Spiritualität, Erkenntnis, Philosophie begründeten sich dann der Ruhm und die Bedeutung Steiners. Herrscher von 9 ist der Mond. Der Mond ist das Denken (nicht, wie allgemein angenommen, Merkur), und eben die Beobachtung des Denkens ist entscheidend in der Anthroposophie, ebenso wie die Innenschau und die Verbindung der äußeren und inneren Welten. Die Imagination ist ebenfalls dem Mond zuzuordnen, der Intellekt dem Merkur.

Im späteren Leben wendet Steiner sich verstärkt der Kunst zu: Herrscher von 5, Kreativität, bei Steiner wieder in Verbindung mit dem Geistigen oder, besser gesagt, als Ausdruck des Geistig-Wirklichen, denn Jupiter ist dieser Herrscher von Haus 5. Von 1913 bis 1922 entstand das (erste) Goetheanum in Dornach in der Nähe von Basel, Schweiz, als Zentrum der Anthroposophischen Gesellschaft und Sitz der geplanten Freien Hochschule für Geisteswissenschaft.

Der Holzbau brannte in der Silvesternacht von 1922 auf 1923 ab. Es kann mit großer Wahrscheinlichkeit davon ausgegangen werden, dass es sich dabei um Brandstiftung militanter Steiner-Gegner handelte. Venus, Herrscherin von Haus 10, dem Haus der offenen Feinde, hat in der Sekundärprogressionen eben zu diesem Zeitpunkt exakt jenen Mars erreicht. Im Solar von 1922 befindet sich die Venus kurz vor Spitze 7 und steht damit in *mundaner Konjunktion*[27] mit dem Radix-Mars. Im für diesen Zeitraum gültigen Lunar ist Venus im Spiegelpunkt zum Radix-Mars und Jupiter, Herrscher von 7 des Lunars, in Opposition zu diesem.

Hier sehen wir den Mars (Feuer) im Haus der offenen Feinde, Haus 7 (Es gilt die 5°-Regel: Ein Planet, der innerhalb von 5° zur nächsten Hausspitze steht und sich im selben Zeichen befindet wie diese, wird in das nächste Haus gezählt). Mars ist sowohl Herrscher von 1 als auch der *Almuten Figuris*. Er hat durch die Eckhausstellung entscheidenden Einfluss im Leben des Geborenen. Aber er ist essenziell schlecht. Das Thema der Anfeindungen und des Kampfes gegen den Zeitgeist ist prominent. Aber aus der Biografie wird deutlich, dass es sich hier um einen negativen Einfluss handelt. Keineswegs um einen »Schutzengel« oder die »Trumpfkarte« im Leben Steiners. Die Probleme mit anderen, sowohl Partnern in jedem Sinne als auch »alle anderen Menschen«, sind von entscheidendem Einfluss. Der Geborene tendiert stark zu diesem Thema. Mars ist einer, der Einfluss *hat* von der natürlichen Neigung der Person her, aber nicht einer, der Einfluss haben *sollte* zum Wohl des Geborenen.

Die Konzentration auf die kreativen und geistigen Themen und die Philosophie sind das Entscheidende. »Er trat in den unterschiedlichsten Lebensbereichen mit eigenen Ideen hervor und wirkte in einer enormen thematischen Breite als Impulsgeber und Erneuerer. So betätigte er sich u.a. als Reformpädagoge (Waldorf-Pädagogik), Sozialreformer (›Soziale Dreigliederung‹) und Künstler (Architektur, Bildhauerei, Bewegungskunst). Er begründete mit der Ärztin Ita Wegman die Anthroposophische

Medizin und lieferte die weltanschauliche Grundlage für eine Religionsgemeinschaft (Die Christengemeinschaft). Zu den letzten Impulsen vor seinem Tod gehört die Anregung der biologisch-dynamischen Landwirtschaft. Viele von Steiners Ideen sind bis heute wirkungsmächtig. So erleben etwa Waldorfschulen und -kindergärten, biologisch-dynamischer Landbau (*Demeter*) und Anthroposophische Medizin (*Weleda*) stetig wachsenden Zuspruch.«[28]

Die astrologische Symbolik ist deutlich:

Pädagogik (Mond Herrscher von 9), Religion (Herrscher von 9), Kunst: Eurythmie, eine Bewegungskunst, die das in der Musik oder Sprache Empfundene in Bewegung umsetzt (Mond), und organische Architektur. Jupiter ist Herrscher von 5, Haus der Kreativität und des Schaffens, der Kinder im konkreten und übertragenen Sinn), Medizin (Herrscher von 9) und biodynamische Landwirtschaft (die Rhythmen des Lebens, Wachstum, Ab- und Zunahme, Mond).

Dass sich dies im Leben so nachhaltig durchsetzen konnte, mag auch daran liegen, dass Jupiter, der ebenfalls sehr gut steht, auch der einflussreichste Planet ist, also der Planet, dessen Würden durch die sieben Planeten, AC, MC und Glückspunkt am stärksten betont werden.

Die Sozialreformen, über die auch mit führenden Politikern nach dem Ersten Weltkrieg ernsthaft diskutiert worden ist, blieben unbeachtet, was für Steiner eine große Enttäuschung war. Die Sozialreform ist dem Mars in 7 zuzuordnen: das Kämpferische im Zusammenleben.

Beispiel 2

Im folgenden Beispiel handelt es sich um ein männliches Horoskop. Das Temperament ist dominant cholerisch, Verhaltensherrscher ist Merkur im wilden Löwen, in Haus 1. Also ein »Krieger«.

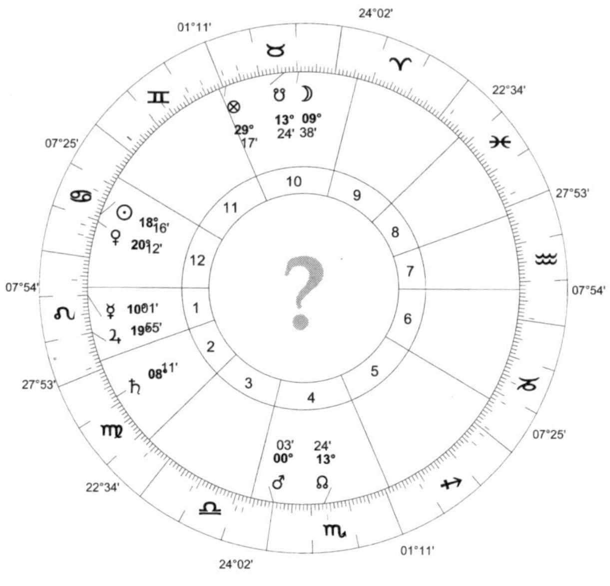

Abb. 8

Essenziell schlecht steht eigentlich kein Planet. Nur Sonne und Saturn sind peregrin.

Der einflussreichste Planet ist die Sonne. Diese ist auch Herrscher des 1. Hauses. Lassen Sie uns einmal schauen, was typische moderne Astro-Texte zur Sonne im 12. Haus sagen:

»Du bist schüchtern und hältst dich möglichst lieber im Hintergrund. Am liebsten versteckst du dich sogar. Du magst es nicht, wenn du dich beobachtet fühlst und begegnest deshalb nicht gerne neuen Menschen oder sprichst vor einer Gruppe. Offenheit und Direktheit fallen dir sehe schwer, auch wenn weißt, dass es nichts zu befürchten gibt.«[29]

»Die Sonne steht im Haus des Unbewussten und der inneren Begrenzungen. Sie neigen dazu, eher im Dunklen zu operieren. Sie wollen allem auf den Grund gehen, auch sich selbst, und haben die Gabe, die Dinge zu deuten. Tief in Ihrem Inneren

gibt es ein spirituelles Gefühl, das Ihnen Kraft gibt, Vertrauen in Ihren Erfolg zu setzen. Es besteht eine starke Neigung zum Okkultismus und zu übersinnlichen Phänomenen. Sie haben nicht nur Interesse an okkulten Themen, sondern verfügen auch selbst über mediale Fähigkeiten.«[30]

Nun lassen Sie uns einmal aus der Sicht des traditionellen Geburtsherrschers an die Sache herangehen. Zwei Kandidaten kommen in Frage: Mond in Erhöhung in Haus 10 und Mars im Domizil und in der Triplizität in Haus 4. Der Mond im Berufshaus und im Haus des Ruhmes dürfte stärker nach außen zu sehen sein. Aber beide sind sehr stark und sehr gut. Mars, als natürlicher Herrscher des cholerischen Temperaments, wird dieses noch stärker anfeuern, der Mond, als kalter und feuchter Planet, bietet eher die Möglichkeit, ausgleichend zu wirken. Wir haben hier einen tatkräftigen, aktiven, feurigen Menschen, der aus der Handlung heraus lebt. Er ist ein »Krieger«, kein »Schreiber«, »Bauer« oder »Diener«. Sein großes Talent liegt einerseits im »Kampf für die gerechte Sache« (Mars in guter Qualität), andererseits im Bereich der Imagination, der Vorstellungswelten, der Fantasie, des »künstlichen Lichtes« (Mond). In Haus 10 und erhöht steht der Mond sehr gut, aber etwas »übertrieben«, er idealisiert das Idealbild, nicht das Realbild, das sich positiv im und für das Leben des Geborenen auswirkt. Der Mond ist auch noch aus einem anderen Grund greifbarer für den Geborenen. Die Sonne, Herrscher von 1, steht im Krebs. Krebs ist das Domizil des Mondes und der Fall des Mars. Also besteht eine natürliche Neigung zum Mond und eine Abneigung gegen den Mars.

Es handelt sich definitiv um einen Menschen, der nicht »im Verborgenen lebt«, sondern stark und »kriegerisch« auf die Bühne der Öffentlichkeit tritt. Das Fantasie-Bild des »edlen Streiters für die Gerechtigkeit«.

Es handelt sich hier um den Oscar-prämierten Film- und Theaterschauspieler, Regisseur und Autor Yul Brynner. Im Gegensatz zum »Verstecken« und zum »im Dunklen operieren«

stand Yul Brynner sein ganzes Leben voll im Rampenlicht der Öffentlichkeit. Die Sonne in 12 ist in der Tradition ein Hinweis auf einen »nicht vorhandenen Vater«. Während die Sonne mehr die »Rolle des Vaters« anzeigt, ist der Herrscher von 4 in der familiären Zuordnung die »Person« des Vaters. Venus als Herrscher über das 4. Haus steht ebenfalls in Haus 12 und bestätigt die Vermutung: Brynners Vater hat die Familie verlassen, als dieser zehn Jahre alt war.

Seine Filmrollen sind hauptsächlich die des edlen Streiters, des Kämpfers für die Gerechtigkeit, aber er spielte auch extreme Bösewichte und Spione (Mond ist Herrscher von 12). Hier ein Auszug aus seiner Filmografie:

1958: König der Freibeuter (*The Buccaneer*)
1960: Die glorreichen Sieben (*The Magnificent Seven*)
1962: Taras Bulba (*Taras Bulba*)
1964: Treffpunkt für zwei Pistolen (*Invitation to a Gunfighter*)
1966: Die Rückkehr der glorreichen Sieben (*Return of the Seven*)
1967: Spion zwischen zwei Fronten (*Triple Cross*)
1967: Der doppelte Mann (*»The Double Man«*)
1969: Die Schlacht an der Neretva (*Bitka na Neretvi*)
1970: Adios Sabata (*Indio Black, sai che ti dico: sei un gran figlio di …*)
1971: Das Licht am Ende der Welt (*The Light at the Edge of the World*)
1971: Leben ums Verrecken – Catlow (*Catlow*)
1972: Auf leisen Sohlen kommt der Tod (*Fuzz*)
1975: Krieger der Apokalypse (*The Ultimate Warrior*)

Da die Sonne im 12. Haus steht (»Das Licht am Ende der Welt«) und peregrin ist, wäre die oben erwähnte »Beschäftigung mit dem Okkulten« etwas, was für den Geborenen schädlich wäre und zum Schlechten führen würde. Zudem ist sie Herrscher von 1, daher muss man davor warnen, dass die Person sich nicht durch eigenes Verhalten in Schwierigkeiten bringt (Haus 12,

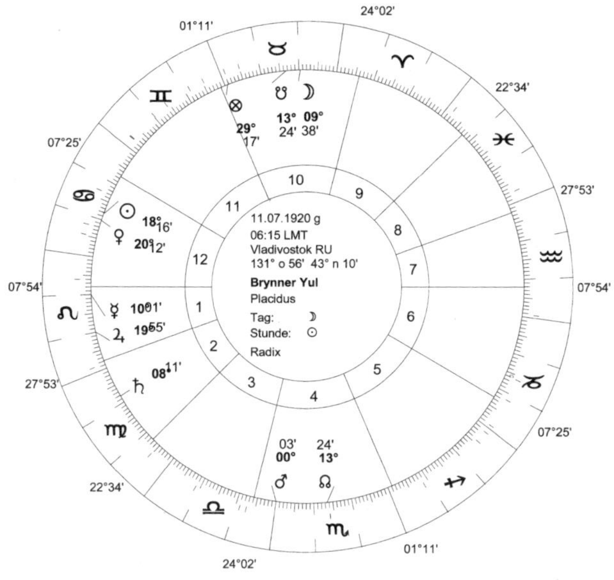

Abb. 9

das Haus der Selbstvernichtung). Dabei verbrennt die Sonne Venus. Venus ist Herrscher von Haus 4, welches die körperliche Zuordnung zum Magen und zur Lunge hat. Yul Brynner starb an Lungenkrebs. Die Yul Brynner-Stiftung gegen das Rauchen existiert noch heute. Zudem setzte er sich stark für die Rechte der Zigeuner ein. Mond ist einer der Signifikatoren für dieses umherziehende Volk.

Während es stimmen mag, dass wir die »wahre Persönlichkeit« des Mannes nicht erkennen, dass er diese im Verborgenen hält, so ist es doch die Entscheidung für den in der Öffentlichkeit stehenden Mond, die Brynners Erfolg ausgemacht hat, und nicht das »Operieren im Dunkeln«.

Temperament: phlegmatisch mit melancholischer Unterströmung. Verhaltensherrscher: Venus (und Mars). Einflussreichster Planet: Mars in Haus 12. Geburtsherrscher: Saturn.

Das phlegmatische Temperament ist gekennzeichnet durch ein starkes Verlangen, das zu Bewusstsein umgewandelt werden muss. Ansonsten besteht die große Gefahr des Ausgeliefert-seins an das eigene Verlangen. Der Verhaltensherrscher ist Venus im Exil. Der Astrologe und Mathematiker Hieronymus Cardanus (1501 – 1576) schreibt in seinem 53. Aphorismus: »Mars im Venuszeichen gibt schmutzige Lust.« Das gilt auch für Venus im Marszeichen. Warum? Weil hier der sinnliche Genuss ins Extreme geht. Das bezieht sich nicht allein auf sexuelle Triebe, sondern auf sinnliche Genüsse in jeder Hinsicht. Dieser Verhaltensherrscher wird von Mars in Haus 12 disponiert, der auch noch einflussreichster Planet ist. Haus 12, nach der natürlichen Häuserherrschaft von Venus beherrscht, steht für die »Selbstvernichtung«, die Schwierigkeiten, die man sich selbst einbrockt. Es steht für die schädlichen Dinge, die zwar Freude bereiten, durch die wir uns aber in Schwierigkeiten bringen.

Obwohl Mars in Triplizität steht, ist er doch durch seine Hausstellung ein gefährlicher Planet, vor allem kombiniert mit dem von der Triebnatur bestimmten Temperament und dem lustvollen Verhaltensherrscher.

Bisher haben wir also einen Menschen, der sich stark von seinen Trieben und Gelüsten leiten lässt und Gefahr läuft, dadurch in Schwierigkeiten zu kommen.

Sein Geburtsherrscher ist der kalte und trockene Saturn, der im eigenen Zeichen steht. Das ist seine große Trumpfkarte. Saturn kann das viele Phlegma austrocknen und Disziplin und Struktur geben, um das Temperament auszugleichen. Saturn verleiht auch die Kraft, mit Leid umzugehen, sowohl dem eigenen als auch dem anderer Menschen. Saturn in 11 und als Herrscher von 11, das bedeutet: Freunde, Berater, Gönner, aber auch

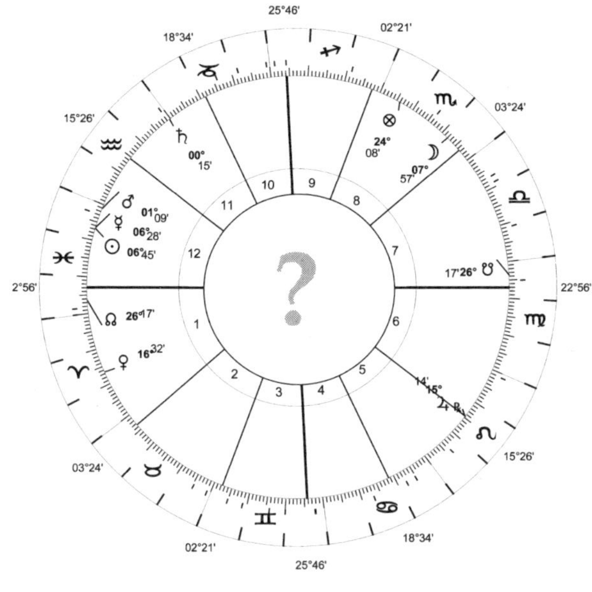

Abb. 10

das Gottvertrauen, der tiefe Glaube, können hierbei helfen. Als Herrscher von 12: Obwohl die Gefahr besteht, sich selber »einzusperren« oder aufgrund des eigenen Verhaltens eingesperrt zu werden, kann die »Selbstvernichtung« überwunden werden. Ein traditioneller Astrologe würde hier wohl auch dazu raten, schwarze Kleidung zu tragen oder einen dem Saturn zugeordneten Edelstein oder Ähnliches, also den Saturn gleichsam in seiner materiellen Form zu aktivieren, die Saturn-Prinzipien in jeder Hinsicht ins Leben zu bringen.

Es handelt sich hier um einen Musiker. Hier der Text eines seiner bekanntesten Lieder, das von seiner Frau geschrieben wurde und diese »Getriebenheit« und die »Selbstvernichtung« besser charakterisiert als alles, was ich schreiben könnte:

Liebe ist ein brennendes Ding
Und sie schafft einen feurigen Ring
Gefesselt von wildem Verlangen
Fiel ich in einen Ring aus Feuer
Ich fiel in einen brennenden Ring aus Feuer
Ich stürzte runter, runter, runter
Und die Flammen loderten höher
Und er brennt, brennt, brennt,
Der Ring aus Feuer, der Ring aus Feuer
Der Geschmack der Liebe ist süß
Wenn sich Herzen wie unsere treffen
Ich hab mich in Dich verliebt wie ein Kind
Oh, aber das Feuer geriet außer Kontrolle
Ich fiel in einen brennenden Ring aus Feuer
Ich stürzte runter, runter, runter
Und die Flammen loderten höher
Und er brennt, brennt, brennt,
Der Ring aus Feuer, der Ring aus Feuer
Und er brennt, brennt, brennt,
Der Ring aus Feuer, der Ring aus Feuer

und hier der Originaltext

Ring of Fire

Love is a burnin' thing
And it makes a fiery ring
Bound by wild desire
I fell into a ring of fire

I fell into a burnin' ring of fire
I went down, down, down
And the flames went higher
And it burns, burns, burns
The ring of fire, the ring of fire

I fell into a burnin' ring of fire
I went down, down, down
And the flames went higher
And it burns, burns, burns
The ring of fire, the ring of fire

The taste of love is sweet
When hearts like ours meet
I fell for you like a child
Oh, but the fire went wild

I fell into a burnin' ring of fire
I went down, down, down
And the flames went higher
And it burns, burns, burns
The ring of fire, the ring of fire
And it burns, burns, burns
The ring of fire, the ring of fire

Ist das nicht eine wunderbare Beschreibung für eine Venus im Marszeichen und einen Mars im 12. Haus?

Es handelt sich hier um einen der erfolgreichsten Musiker aller Zeiten, Johnny Cash. Er hat etwa 500 Lieder geschrieben und mehr als 53 Millionen Tonträger verkauft, kam 1977 in die Nashville Songwriters Hall of Fame, 1980 in die Country Music Hall of Fame und 1992 in die Rock and Roll Hall of Fame.

Seine erste Single war »Cry, cry, cry«, »Weine, weine, weine«, wie es sich für so ein wässriges Temperament gehört!

Er wurde stark tablettenabhängig und kam, weil er 1000 Amphetamintabletten von Mexiko in die USA schmuggelte, ins Gefängnis. Die Tablettensucht wurde schlimmer und führte zur Scheidung von seiner ersten Frau, zu Konzertabbrüchen, Zusammenbrüchen auf der Bühne, Abmagerung und Stimmproblemen.

Jene vernichtende sinnliche Lust, die selbstzerstörerisch wirkt, zeigt sich bei Cash deutlich.

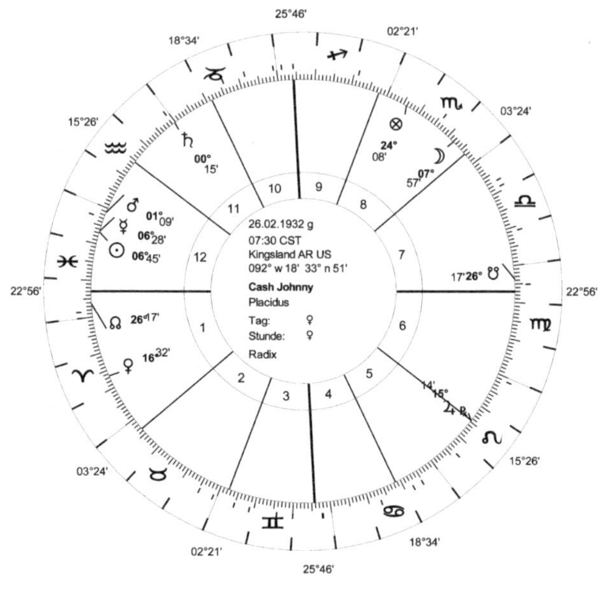

Abb. 11

1967 kam es dann zu einer entscheidenden Wende: Cash zog sich in eine Höhle zurück, um zu sterben. Dort hatte er ein Gotterlebnis, und ihm wurde klar, dass er den Zeitpunkt seines Todes nicht selbst bestimmen konnte: *»Ich würde sterben, wenn Gott die Zeit für gekommen hielt, und nicht, wenn ich es wollte.«*[31]

June Carter, seine spätere Frau und deren Eltern halfen ihm, den Entzug durchzustehen, schirmten ihn ab von schädlichen Einflüssen. So konnte er nach zehn Jahren zum ersten Mal wieder nüchtern ein Konzert geben.

Mit der Karriere ging es wieder bergauf. Die Disziplin des Saturn, Hilfe von Freunden, Gott-vertrauen waren dafür ausschlaggebend.

Statt wieder ins Gefängnis gebracht zu werden, ging er selbst ins Gefängnis (bewusste Entscheidung, den Knauf des Schwerts in die Hand nehmen, damit es nicht gegen einen gerichtet wird). Er spielte zwei legendäre Konzerte in Strafanstalten, eins im Folsom Brison und eins in San Quentin. Er spielte dort für Randgruppen, Verlorene (Saturn) im Gefängnis (Herrscher von 12). Die Aufnahmen davon wurden großartige Erfolge (Saturn im eigenen Zeichen).

In dieser Zeit heiratete er auch June Carter, mit der er ein Kind hatte.

Seit Anfang der 70er-Jahre trug er, im Gegensatz zu anderen Country-Sängern mit ihren farbenfrohen Kostümen, nur noch schwarze Kleidung auf der Bühne. Bekannt ist Johnny Cash noch heute als der »Man in Black« (Saturn). Im gleichnamigen Song erklärt er, warum:

I wear the black for the poor and the beaten down,
Livin' in the hopeless, hungry side of town.
I wear it for the prisoner who has long paid for his crime,
But is there because he's a victim of the time.

Ich trage Schwarz für die Armen und die Unterdrückten, die auf der hoffnungslosen, hungrigen Seite der Stadt leben.
Ich trage es für den Gefangenen, der längst für sein Verbrechen gebüßt hat, aber immer noch einsitzt, weil er ein Opfer der Zeit ist.

Wieder sehen wir den positiven Saturn in Aktion. Der progressive MC (Naibod-Schlüssel) befand sich exakt auf dem Saturn. Sein öffentliches Auftreten (MC) wurde schwarz (Saturn)!

Ende der 70er-Jahre wurde er noch einmal rückfällig, überwand die Sucht aber erneut, dieses Mal in einer Entzugsklinik. Nach sechs Wochen wurde er entlassen und nie wieder rückfällig. In den 80ern gelang ihm ein weiteres Comeback. Cash wurde zum Symbol eines Mannes, der viel durchgemacht hatte, seine Süchte aber besiegen konnte, und galt als Vorbild des liebenden Vaters und Familienvaters (Saturn).

Am 15. Mai 2003 starb seine große Liebe, June Carter, mit der er 35 Jahre verheiratet war. Er selbst starb kurz darauf, am 12. September 2003, im Alter von 71 Jahren.

Wir sehen, dass der Geburtsgebieter in jeder Hinsicht und auf vielen Ebenen wirkt. Es muss nicht der Beruf sein. Entscheidend ist, die Prinzipien des besten Planeten im Leben so stark wie möglich zu betonen. Damit können die schlechten, negativen Einflüsse, Neigungen, die »Dämonen« überwunden werden. Cashs Leben ist geprägt vom Kampf der »Trockenheit« gegen die »Feuchtigkeit«. Seine Liedtexte handeln von den Armen, Ausgestoßenen und Gescheiterten.

Beispiel 4

Ein männliches Horoskop. Die offizielle Geburtszeit ergibt einen Aszendenten ganz am Ende des Krebs. Da in der Regel die Geburtszeiten später notiert werden, als die Geburt tatsächlich war, können wir aber davon ausgehen, dass es auf jeden Fall noch ein Krebs-Aszendent ist. Für die folgende Ausarbeitung ist dies jedoch nicht von großer Bedeutung. Das Temperament ist phlegmatisch, was recht gut zu passen scheint. Der einflussreichste Planet ist Jupiter. Bei einem Löwe-Aszendent wäre das Temperament cholerisch und der einflussreichste Planet Merkur. Verhaltensherrscher sind in beiden Fällen Jupiter und Saturn, da Jupiter gemeinsamer Dispositor von Mond und Merkur ist und Saturn die beiden aspektiert.

Als Geburtsherrscher kommen Venus im Domizil in Haus 3 und Merkur in Triplizität in Haus 4 in Frage. Venus steht akzidentell schwächer, sie ist unter den Strahlen der Sonne und in einem fallenden Haus, Merkur dagegen im Eckhaus.

Wir haben hier zwei sehr »böse« Planeten im Horoskop: einerseits Saturn im Exil, andererseits Mars im Fall in Haus 12.

Die »natürliche Neigung« des Geborenen geht in das fünfte Haus (»Kinder«): alles, was man selbst erschafft und zeugt, Kreativität. Und natürlich sinnliche Genüsse jeder Art. Der Herr-

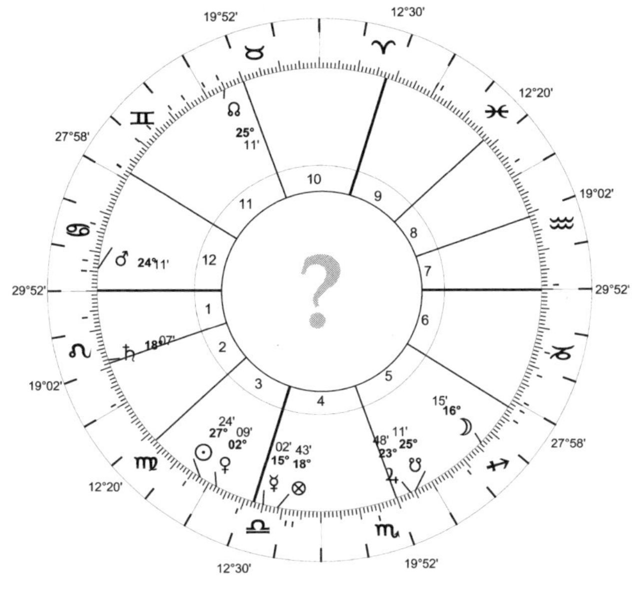

Abb. 12

scher dieses Hauses ist eben jener »böse« Mars, im 12. Haus und beinahe in Konjunktion mit dem Aszendenten. Haus 12 sind die Schwierigkeiten, in die man sich selber bringt, das »Tal des Todes und des Leids«, schwarze Magie, Hexerei, Dämonen und so weiter. Er erschafft also »dunkle« Kinder.

Ein weiterer Aspekt dieser Stellung ist, dass die sinnlichen Genüsse, die man anstrebt, einen ins »Gefängnis« bringen, ganz konkret oder abgeleitet als Abhängigkeit. Wir haben das bei Johnny Cash bereits gesehen.

Was ist sein Talent? Merkur, das Schreiben. Merkur ist außerdem Herrscher von 3. Hier wird erneut Schreiben und Kommunikation, aber auch Grundausbildung und Unterricht angesprochen. Merkur ist ebenfalls der Herrscher des erwähnten 12. Hauses. Er beschreibt die dunklen Kinder, die der Geborene selber geschaffen hat.

Es handelt sich hier um den Horror-Schriftsteller Stephen King. »Kings Geschichten handeln häufig von Durchschnittsmenschen, die in grauenhafte und meist übernatürliche Erlebnisse hineingezogen werden.«[32] Er hat 40 Romane, die sich je 10 Millionen Mal verkauften, 100 Kurzgeschichten und einige Novellen, Drehbücher, Gedichte und Essays veröffentlicht. Folgende Aussage von ihm beschreibt exakt die Funktion des Geburtsgebieters als »Schutzengel«:

»Ich bin kein Künstler; als Autor kann ich meine Ängste, Unsicherheiten und Albträume auf Papier dingfest machen.«

Die Beschreibung der selbst geschaffenen »dunklen Kinder« rettet ihn aus seinen Ängsten. Wir sehen das auch deutlich an den Rezeptionen: Merkur steht in der Vernichtung des Mars. Dies drückt im wahrsten Sinne des Wortes aus, was in seinem Leben passiert ist.

Ob dies nun moralisch gut oder schlecht ist, sei dahingestellt. Man könnte annehmen, dass er seine Albträume dadurch losbekommt, dass sie dann seine Leser haben. Allerdings ist natürlich niemand gezwungen, seine Horrorgeschichten zu lesen.

Aus der anfänglich schwierigen finanziellen Situation (Saturn im Exil an Spitze 2) kommt King ebenfalls durch den Geburtsherrscher. Seine Bücher machten ihn sehr reich.

Stephen Kings Kindheit war schwierig, da der Vater die Familie verlassen hatte. King fand unvollendete Manuskripte vom Vater, was laut eigener Aussage ein »sehr prägendes Ereignis« war und ihn zum Schreiben gebracht hat: Merkur, Geburtsherrscher, steht in Haus 4, das Haus des Vaters. (Man sieht, dass auch abwesende Väter Einfluss haben können!)

Er studierte Englisch und wurde dann Englischlehrer. Er war auf Nebenjobs angewiesen, um die Familie zu ernähren, und hatte kaum Zeit zum Schreiben. Es entstanden einige Kurzgeschichten in dieser Zeit, die aber von den Verlagen abgelehnt wurden (später veröffentlicht er sie unter dem Pseudonym »Richard Bachmann«).

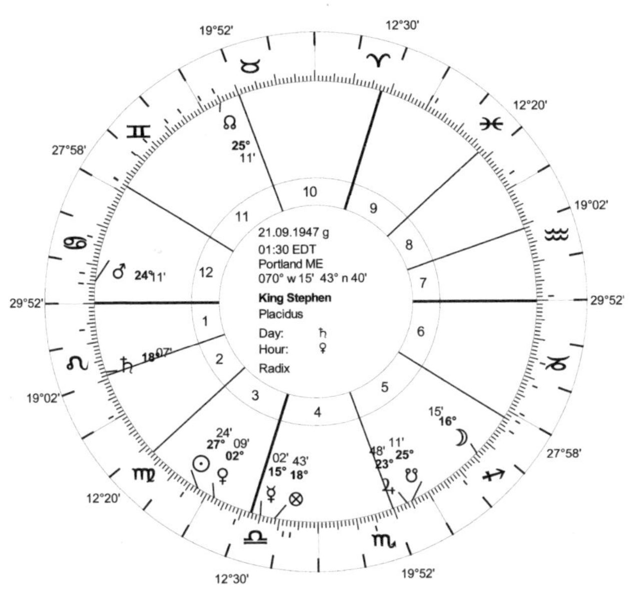

Abb. 13

Der Auftakt zu seinem Erfolg war »Carrie«. Das Manuskript gefiel ihm ursprünglich selbst nicht, aber seine Frau brachte ihn dazu, es zu Ende zu bringen. Das Buch wurde schlagartig ein Erfolg und King berühmt. Daraufhin wurde er Vollzeit-Schriftsteller und einer der erfolgreichsten Autoren der Neuzeit.

Er begann sehr früh mit Alkohol und Drogen und war 1985 schwer alkohol- und kokainabhängig. Mit Hilfe seiner Frau und Therapien überwand er 1990 die Sucht (das phlegmatische Temperament, kombiniert mit den Genüssen, die einen in die Abhängigkeit bringen).

Der freie Wille

»Die Sterne zwingen nicht, sie machen geneigt.« Dieser Satz, heute irrtümlich oft Kepler zugeschrieben, findet sich bereits bei Thomas von Aquin.

Wir sprechen hier immer wieder von der bewussten Entscheidung für den Geburtsgebieter und der Überwindung negativer Einflüsse im Horoskop. Ist dies überhaupt möglich? Ist nicht alles vorbestimmt? »Kann ich denn gar nicht anders, als es im Horoskop festgelegt ist?« Die 2007 verstorbene australische Astrologin und Historikerin Sue Toohey geht in ihrem Artikel *»... und sie sollen dienen als Zeichen – Albertus Magnus und die Vorhersage mittels der Sterne«*[33] ausführlich auf die Thematik des freien Willens ein und zeigt, dass dieses Konzept in keiner Weise im Widerspruch zur Astrologie steht. Hier einige Ausschnitte aus diesem Artikel

So argumentiert z.B. Albertus Magnus, dass weder das Schicksal noch die Sterne oder die Vorsehung dem freien Willen seine Handlungsfreiheit nehmen, und weist die fatalistische Unausweichlichkeit als häretisch zurück. Im Prinzip hat jeder die Macht, die astralen Einflüsse zu besiegen:

»Roger Bacon, Thomas von Aquin und Albertus stimmten darin überein, dass die Sterne den Körper beeinflussen können und der Körper wiederum die Seele. Mittels ihres Einflusses auf den menschlichen Körper, so Bacon, machen die Sterne den Menschen zu schlimmen Taten und bösen Künsten geneigt oder aber zu gutem Verhalten und nützlichen Wissenschaften. Diesen natürlichen Neigungen kann aber widerstanden wer-

den durch die Macht des Willens; verändert werden können sie durch göttliche Gnade oder verstärkt durch diabolische Versuchung.«

Hier sehen wir wieder die beiden Einflüsse, den Schutzengel und den Dämon.

»Obwohl also das Individuum der Macht der Sterne Kraft des Willens widerstehen kann, siegt doch im Allgemeinen der Einfluss der Konstellationen.«

Während ein Tier exakt nach seinen Neigungen leben muss, da es instinktgesteuert ist, hat der Mensch zusätzlich die Vernunft und Willen. Er kann sich, zumindest theoretisch, gegen seine Neigungen entscheiden. Beispiel: Eine hungrige Kuh sieht einen leckeren Löwenzahn. Dieser löst einen Reiz aus, das Wasser läuft ihr im Mund zusammen. Sie frisst den Löwenzahn. Ein Mensch, der zu dick ist, sieht ein Stück Sahnetorte. Dieses löst, wie bei der Kuh, einen Reiz aus.

»In ähnlicher Weise, so Thomas [von Aquin], werden die meisten Menschen von ihren körperlichen Leidenschaften und Gelüsten beherrscht, und nur sehr wenige verfügen über den Geist und den Willen, der nötig ist, um die körperlichen Impulse zu überwinden. Auf den Großteil der Menschheit können die Einflüsse der Sterne körperlich ungehindert wirken.«

Das Wasser läuft ihm im Mund zusammen. Weil er aber weiß, dass er zu dick ist, und gerade Diät hält, kann er sich dagegen entscheiden, das Stück Sahnetorte zu verspeisen. In den meisten Fällen wird er es trotzdem essen. Der Trieb hat über die Vernunft gesiegt, der Wille reicht nicht aus – wie so oft. Aber anders als die Kuh muss er es nicht essen.

Thomas von Aquin weiter: *»Trotzdem bleibt der Wille frei und jene, die sich bemühen, können den Wirkungen der Sterne widerstehen.«*

Wie können wir trotzdem konkrete, treffende Vorhersagen treffen, wie es z.B. in der Stundenastrologie ständig gemacht wird? Hier finden wir bei Albertus Magnus eine ebenso einfache wie treffende Erklärung:

Er verwendet ein Beispiel, in dem es darum geht, ob jemand Geld zurückerhalten wird, das ihm ein anderer schuldet. Selbst wenn angezeigt wäre, dass derjenige das Geld nicht zurückbezahlen wird, so hat er doch die Freiheit, es dennoch zurückzugeben. Oder wenn angezeigt wäre, dass er es zurückgeben wird, steht es ihm frei, es trotzdem nicht zu tun. Anders gesagt: Auch wenn das Horoskop eine Antwort gibt, steht es dem Einzelnen frei, den vorhergesagten Ausgang zu verändern. Albertus' Schlussfolgerung ist eine interessante Erklärung für seine Auffassung, dass der freie Wille nicht durch Befragungen eingeschränkt wird und dafür, wie freier Wille und Befragungen gleichermaßen gültig sind:

»Gott weiß seit Ewigkeiten, wie er (der Mann, der das Geld schuldet) sich entscheiden wird. Aus diesem Grunde konnte Er in das Buch des Universums, welches das Pergament des Himmels ist, einschreiben, was Er wusste, sofern Er dies wollte. Wenn Er dies (aber) getan hat, so ist die Vereinbarkeit des freien Willens mit der göttlichen Vorsehung oder mit den Indikationen der Befragungen das Gleiche. Darum kann, wenn nicht geleugnet werden kann, dass der freie Wille mit der göttlichen Vorsehung in Koexistenz steht, auch nicht abgestritten werden, dass das Handwerk der Befragungen ebenso mit ihm in Koexistenz steht.«[34]

Doch zurück zur Geburtsastrologie. Wir können die Neigungen im Horoskop erkennen. Und da wir wissen, dass die meisten Menschen ihren Trieben und nicht ihrer Vernunft folgen, dadurch auch treffende Prognosen machen. Thomas von Aquin schreibt wörtlich in seiner *Summa Theologica*:

»Die Mehrheit der Menschen folgt ihren Leidenschaften, welche Bewegungen sinnlicher Gelüste sind, mit denen die Bewegungen der Himmelskörper zusammenarbeiten können. Daraus folgt, dass Astrologen die Wahrheit in der Mehrheit der Fälle vorhersagen können, vor allem in allgemeiner Weise. Nicht aber in besonderen Fällen; denn nichts hält den Menschen davon ab, seinen Leidenschaften mit Hilfe des freien Willens zu widerste-

hen. Daher sagen die Astrologen gewöhnlich selbst, dass ›der Weise stärker ist als die Sterne‹, nämlich dann, wenn er seine Leidenschaften besiegt.«[35]

Der Hauptgrund, warum man Geburtsastrologie macht, ist nicht die konkrete Vorhersage. Dafür eignet sich die Stundenastrologie wesentlich besser. Der Grund liegt darin, dass der Mensch durch das Erkennen der Neigungen, negativer und positiver Einflüsse anhand des Horoskops in größere Harmonie mit dem Kosmos kommen und seinen Weg zurück zu Gott leichter finden kann. Die Geburtsberatung dient also dazu, den Klienten dabei zu helfen, stärker zu werden als die Sterne.

Wie stark nun die durch einen bestimmten Planeten gekennzeichnete Neigung ist, hängt von dessen Einfluss im Horoskop ab, einerseits durch Rezeptionen (wenn er viele Planeten mittels seiner Würden disponiert) oder durch seine akzidentelle Stärke. Entsprechend schwierig wird es dann, einer schlechten Neigung (essenziell schlechter Planet, der auch einflussreich ist), zu widerstehen. Die Stimme des »Teufelchens« ist lauter als die des »Engelchens«. Dennoch ist es immer noch möglich. Aus diesem Grunde wählt man auch den essenziell guten Planeten, der auch Einfluss hat, zum Geburtsgebieter. Es fällt dann leichter, diesen guten Einfluss zu verwirklichen und umzusetzen. Auch wenn es ein qualitativ noch besseres Engelchen im Horoskop gibt, das aber sehr leise spricht (wenig akzidentelle Würde), nehmen wir das Engelchen, das gut ist und dessen Stimme auch zu hören ist. Indem wir uns also bewusst für das Gute entscheiden, überwinden wir das Böse. Der Schutzengel im Sinne des Thomas von Aquin hilft uns dabei.

Eine Anekdote mag dies illustrieren: Eine Frau soll einmal nach einem Vortrag zu Rudolf Steiner gekommen sein und ihm begeistert berichtet haben: »Herr Steiner, alles was in meinem Horoskop angezeigt ist, ist in meinem Leben eingetreten.« Steiners Antwort: »Schämen Sie sich!«

Zusammenfassung

Wir müssen also genau unterscheiden, was wir als Geburtsherrscher bezeichnen wollen. Die Methoden, die den Hauptdispositor (Almuten) über verschiedene wichtige Punkte verwenden (einflussreichster Planet, Almuten Figuris) oder den Herrscher des Aszendenten oder aber einen anderen, akzidentell stark stehenden Planeten, geben uns Aufschluss über einen wichtigen, bestimmenden Einfluss im Leben des Geborenen. Diese Planeten steuern uns, wenn wir uns nicht bewusst dagegen entscheiden. Wir müssen dann analysieren, ob dieser Einfluss gut oder schlecht ist, und dies entsprechend in der Beratung behandeln. Der Geburtsgebieter nach Leovitius, also der essenziell gute Planet, der auch akzidentell einflussreich steht, hingegen ist das große Talent, der Schutzengel des Geborenen. Hier können wir dem Klienten einen wirklich wertvollen Hinweis auf seine Trumpfkarte im Leben geben, mit deren Hilfe er andere, eventuell schädliche Einflüsse überwinden kann. Dieser Planet sollte am Steuer sein, um das Leben in eine gute Richtung zu lenken.

Anhang

Platon, Der Staat, Zehntes Buch (4)

Übersetzung Friedrich Daniel Ernst Schleiermacher

»Daß die Seele also ein unsterbliches Wesen ist, das beweisen unbestreitbar sowohl die hier eben als auch die sonst darüber geführten Untersuchungen; aber was ihr wirkliches Wesen im reinsten Lichte ist, das darf man nicht an ihr ersehen wollen nach ihrer Verunreinigung durch die Gemeinschaft mit dem Körper sowie durch andere verunstaltende Übel: ihr reines Wesen läßt sich vielmehr nur völlig durch das Auge des vernünftig forschenden Verstandes erschauen; und mit diesem Auge wird man ihr Wesen viel schöner erblicken, wird man Gerechtigkeiten und Ungerechtigkeiten, überhaupt alle vorhin erörterten Tugenden und Untugenden, klarer in die Augen springend finden. Die jetzt hier über ihr Wesen vorgetragenen Wahrheiten aber stehen im Verhältnisse zu dem Zustande, in dem sie gegenwärtig auf Erden sich zu erkennen gibt; wir haben sie jedoch nur in einem Zustande geschaut wie die, welche den Meergott Glaukos sehen: Nicht leicht können diese nämlich seines ursprünglichen Wesens ansichtig werden, weil seine ursprünglichen Gliedmaßen teils zerschlagen, teils zerstoßen und von den Wellen auf allerlei Weise verunstaltet, teils auch, weil sie mit anderen, fremden Körpern, wie z.B. mit Muscheln, Seemoos und Gestein bewachsen sind, so daß er eher jedem Meerungeheuer gleicht als seiner ursprünglichen natürlichen Gestalt. Einen solchen von tausenderlei beschädigenden und verunstaltenden Übeln herbeigeführten Zustand bietet auch die Seele hier unserer Betrachtung dar; darum, mein Glaukon, muß man dahin die Blicke richten!

Wohin? fragte er.

Nach ihrer Wißbegierde, und hier beachte die Objekte ihres Verlangens und die Qualität ihres geistigen Verkehrs: dann nimm davon ab, wie sie mit dem Göttlichen, Unsterblichen und ewig Wesenhaften verwandt ist, und was sie erst werden könnte, wenn sie einmal jenem Göttlichen usw. mit ungeteilter Kraft folgt, wenn sie mittels solchen Schwunges aus der Meerestiefe, worin sie sich jetzt befindet, erhoben und das Gestein und Muschelwerk von sich abgestoßen hat, mit dem sie jetzt, weil sie sich nur mir Irdischem nährt, erdig und steinig ringsum bunt und wild bewachsen ist, und zwar infolge jener von der Welt als Glückseligkeit gepriesenen irdischen Genüsse. Und dann erst würde man ihr wahres ursprüngliches Wesen sehen können, ob sie vielgestaltig, ob sie eingestaltig, ob sie so oder so beschaffen ist. Für jetzt aber haben wir, denke ich wenigstens, ihre im irdischen Menschenleben sich zu erkennen gebenden Zustände und Formen gründlich genug dargestellt.

Ja, sagte er, allerdings.

Nicht wahr, sprach ich weiter, hier bei der Beantwortung unserer zweiten Hauptfrage haben wir uns überhaupt aller äußeren Rücksichten entledigt, insbesondere haben wir nicht die baren Belohnungen, nicht die äußeren Anerkennungen der Welt bei Gerechtigkeit in Anschlag gebracht, wie dies nach eurer Bemerkung Homer und Hesiod bei ihren Lobgesängen auf diese getan haben; sondern wir haben bei der Gerechtigkeit an und für sich, ohne alle Rücksicht auf Belohnung, gefunden, daß sie für den Hauptteil des Menschen, die Seele, das Beste sei, daß sie gerecht handeln müsse, mag sie nun den Gygesring haben oder nicht, und zu solchem Ringe noch den Helm des Pluton dazu!

Sehr wahr bemerkt, sagte er.

Würde es denn also, fragte ich, mein lieber Glaukon, nunmehr ohne alle Besorgnis einer Verunglimpfung gegen die Gerechtigkeit und die übrige Geistestüchtigkeit geschehen können, daß man ihr zu jenen Vorteilen, die sie an sich hat, noch als Zulage die ganze Summe und Qualität aller jener baren Belohnungen wieder zustellte, die sie der Seele von seilen der Menschen wie der Götter nicht nur im Leben des Menschen hiernieden, sondern auch nach dessen Ende darbietet?

Ja, sagte er, allerdings können wir das.

Werdet ihr mir also die Tugendpreise jetzt wieder zurückgeben, die ihr während der Beantwortung der zwei Streitfragen über das Wesen und die absolute Vorzüglichkeit der Tugend euch als Vorsprung hattet geben lassen?

Was war denn das doch?

Ich habe euch dabei den Vorsprung gegeben, daß der Gerechte das Ansehen eines Ungerechten und der Ungerechte das Ansehen eines Gerechten haben solle. Denn ihr wäret der verständigen Ansicht, daß man, wenn auch diese Verhältnisse Göttern und Menschen nicht verborgen bleiben könnten, doch der streng wissenschaftlichen Untersuchung wegen diese vorläufige Annahme einräumen müsse, damit das reine Wesen der Gerechtigkeit, ohne Rücksicht auf Belohnung, im Vergleiche zum reinen Wesen der Ungerechtigkeit, ohne Rücksicht auf Strafe, sich endgültig beurteilen lasse; oder erinnerst du dich nicht mehr?

Es wäre von mir sehr unrecht, bemerkte er, wenn ich mich dessen nicht mehr erinnerte.

Nachdem nun diese endgültigen Urteile vorliegen, fuhr ich fort, so mache ich im Namen der Gerechtigkeit die Rückforderung, daß die wohltätigen Anerkennungen, die von selten der Götter und Menschen für sie wirklich statthaben, auch von uns als wirklich vorhanden zugegeben werden, damit sie auch jene Siegespreise davontrage, die sie von ihrem äußeren Ansehen erwirbt und unter ihre Anhänger verteilt, nachdem sie ausgemachterweise auch die von ihrem inneren reinen Sein und Wesen entspringenden geistigen Güter verteilt und noch nicht diejenigen getäuscht hat, die sie im Geist und in der Wahrheit angeeignet haben.

Ja, sagte er, gerecht sind deine Forderungen.

Da werdet ihr mir nun, sprach ich, erstlich dies zurückgeben, daß der Gottheit gewiß nicht verborgen bleibt, welchen Charakter jeder von beiden hat?

Ja, sagte er, das wollen wir.

Bleiben sie aber nicht verborgen, so muß der eine Gott lieb, der andere Gott verhaßt sein, wie wir auch im Anfange einräumten.

Es ist so.

Werden wir hierauf hinsichtlich des von Gott geliebten Gerechten nicht weiter zugeben müssen, daß alle von Gottes Hand kommenden Schickungen ihm allemal als die möglichst besten zuteil werden, mit Ausnahme des Falles, daß ihm von einem früheren Vergehen eine nach der moralischen Weltordnung unabwendbare Büßung bevorstand?

Jawohl.

Es ist also bei dem gerechten Manne, wenn er in Armut, Krankheit oder in einem anderen scheinbaren Übel sich befindet, anzunehmen, daß ihm diese scheinbaren Übel endlich doch zu irgendeinem Gut ausschlagen werden, in diesem Leben oder nach dem Tode. Denn offenbar wird von der Gottheit der nicht verlassen, wer sich eifrig bemühen will, gerecht zu werden und durch Übung der Tugend Gott ähnlich zu weiden, soweit es einem Menschen möglich ist.

Ja, sagte er, sicherlich wird ein solcher Mann Gottes von seinesgleichen nicht verlassen.

Nicht wahr, von dem Ungerechten müssen wir das Gegenteil von allem dem denken?

Ja, durchaus!

Dieses wären denn einmal die von Seiten der Gottheit dem Gerechten zukommenden äußeren Siegespreise.

Ja, das sind sie, meines Bedünkens wenigstens, sagte er.

Wie steht es nun, fuhr ich fort, zweitens mit denen von menschlicher Seite? Wenn man in dieser Beziehung das eigentlich wahre Verhältnis ausdrücken soll, spricht sich das nicht in folgendem Gleichnisse aus? Geht es nicht den Meistern in der Ungerechtigkeit einerseits wie allen den Wettläufern, die in der Rennbahn hinunter gut laufen, herauf aber nicht? Zuerst bei ihrem Auslaufe geht es frisch und munter; aber am Ende werden sie ein Gegenstand des Spottgelächters, wenn sie die Ohren bis auf die Achseln hängen lassen und ohne Siegeskranz davoneilen; die wahren Laufkünstler dagegen gelangen an das bestimmte Ziel, empfangen ihre Siegespreise und werden bekränzt. Ist das nun nicht auch bei den Gerechten meist der Fall? Am Ende eines jeden Geschäftes, eines jeden menschlichen Verhältnisses sowie am Ende des Lebens gewinnen sie das Ansehen in den Augen der Welt und bekommen auch von Seiten der Menschen die Preise der Tugend.

Ja, das ist sicher meist der Fall.

Wirst du nun nichts dagegen haben, wenn ich von solchen Gerechten da behaupte, was du deinerseits von den Ungerechten behauptetest? Denn ich werde doch nun behaupten dürfen, daß die Gerechten, wenn sie älter geworden sind, in ihrem Staate die Ämter haben, wenn sie wollen, daß sie aus einer Familie heiraten, aus welcher sie wollen, daß sie ihre Töchter verehelichen, an wen sie wollen, und überhaupt alle äußeren Vorteile, die du von deinen Ungerechten behauptest, behaupte ich nun von meinen Gerechten. Und andererseits werde ich doch auch von Ungerechten sagen dürfen, daß die meisten von ihnen, wenn sie auch in den früheren Jahren unentlarvt bleiben sollten, am Ende ihrer Laufbahn erwischt und zuschanden werden; daß sie im späteren Alter im Elende leben; daß sie von Mitbürgern wie Fremdlingen bittere Mißhandlungen, Peitschenhiebe und alles andere erleiden, dessen Aufzählung nach deiner Aussage allerdings etwas plump lautet: alle diese Qualen denke auch von mir aufgezählt gehört zu haben, in der Überzeugung, daß sie den Ungerechten widerfahren; aber sieh zu, ob du nicht gegen diese meine Behauptung noch etwas einzuwenden hast!

Gar nichts, sagte er; denn deine Behauptungen sind gerecht.

Das wären also, fuhr ich fort, die äußeren Preise, Belohnungen und Geschenke, die dem Gerechten schon in diesem Leben auf Erden von Göttern und Menschen außer jenen inneren Gütern zuteil werden, die die Gerechtigkeit an sich schon gewährt.

Ja, sagte er, herrliche und sichere Belohnungen!

Diese hier erwähnten Resultate, sprach ich weiter, sind nun doch nichts, weder an Menge noch an Größe, im Vergleich mit jenen, die beide (den Gerechten und den Ungerechten, Tilgend und Laster) nach dem Tode erwarten. Aber diese letzteren Folgen nach dem Tode muß man auch noch hören, damit jeder von beiden seine vollständige Auszahlung von dem erhält, was unsere Untersuchung ihm zu verkünden schuldig ist.

O rücke doch damit heraus! sagte er. Denn keine anderen Dinge in der Welt würde ich lieber hören!

Ich werde jedoch, sagte ich, keine Erzählung eines Freundes von Mären, wie Alkinoos einer war, sondern eines Mannes von Ehren berichten, von Er, dem Sohne des Armenios, eines Pamphyliers von Geburt. Dieser war einst in einer Kriegsschlacht gefallen, und als nach zehn Tagen die Leichname bereits verwest aufgehoben wurden, ward er noch unversehrt gefunden; nach Hause gebracht, lebte er im Augenblicke seiner Bestattung am zwölften Tage auf dem Scheiterhaufen wieder auf, und nach seinem Wiederaufleben erzählte er die Dinge, die er im Jenseits gesellen habe. Er sprach aber wie folgt: Nachdem seine Seele aus ihm gefahren, sei er mit vielen anderen gewandelt, und sie seien an einen wunderbaren Ort gekommen, wo in der Erde zwei nahe an einander stoßende Öffnungen gewesen seien, und am Himmel gleichfalls oberhalb zwei andere ihnen gegenüber. Zwischen diesen Öffnungen seien nun Richter gesessen: diese hätten allemal, nachdem sie ihren Urteilsspruch getan, den Gerechten befohlen, den Weg rechts und durch den Himmel zu wandern, nachdem sie ihnen zuvor vorn ein Zeichen von beurteilten Taten angehängt; die Ungerechten aber hätten sie nach der Öffnung zur linken Hand, und zwar nach unten (unter die Erde), verwiesen, und auch diese hätten ihre Zeichen, aber hinten, anhängen gehabt über alles das, was sie verübt hätten. Als nun auch er vorgekommen sei, hätten sie ihm bekannt gemacht, er müsse den Menschen ein Verkündiger des Jenseits werden, und sie hätten ihn aufgefordert, alles an diesem Orte zu hören und zu schauen. Da habe er denn nun gesehen, wie nach der einen Öffnung in dem Himmel (rechter Hand) und nach der andern in der Erde (linker Hand) die Seelen abgegangen seien, nachdem sie jedesmal ihren Urteilsspruch vernommen hätten; aus den beiden anderen neben jenen beiden seien aus der in der Erde Seelen hervorgekommen voll Schmutz und Staub, aus der im Himmel dagegen seien andere, von jenen verschiedene, reine Seelen herabgestiegen. Und die jedesmal ankommenden Seelen hätten den Anschein gehabt, als kämen sie von einer langen Wanderung, wären sehr vergnügt auf der bekannten Wiese angelangt und hätten wie zu einer festlichen Versammlung sich hingelagert. Die mit einander Bekannten hätten sich gegenseitig begrüßt, und die aus der Erde Angekommenen hätten bei den andern sich um die Verhältnisse des Jenseits erkundigt, und die aus dem Himmel Kommenden hätten jene gefragt, wie es bei ihnen herginge. Da hätten sie nun einander erzählt, die einen klagend und weinend, indem sie sich erinnerten, wie große und was für Leiden und Anblicke sie auf der Wanderung unter der Erde gehabt hätten (die Wanderung dauere nämlich tausend Jahre); die anderen dagegen aus dem Himmel hätten von ihrem Wohlergehen erzählt und von dem unbeschreiblich Schönen, das sie geschaut hätten. Die vielen Dinge nun, o Glaukon, die er gesehen, ausführlich zu erzählen, erforderte eine lange Zeit; die Hauptsache aber, jagte er, sei dies: Für alle Ungerechtigkeiten, die nur jeder einzelne an einem verübt gehabt, dafür habe er wegen jeder einzelnen eine besondere Strafe bekommen, nämlich wegen eines jeden Vergehens eine zehnfache (d.h. jede einzelne Strafe dauert hundert Jahre, weil dies das Maß des menschlichen Lebens sei), so daß man für eine ungerechte Handlung eine zehnfache Strafe entgelte. So hätten diejenigen, die dadurch, daß sie Städte oder Heere verraten und in Knechtschaft gestürzt oder sonst ein großes Unglück mit angefangen hatten, eines mehrfachen Todes schuldig waren, für jede einzelne aller dieser Taten zehnfache Peinen bekommen; und waren sie andererseits Urheber einiger Wohltaten, auch gerecht und fromm, so empfingen sie auch dafür ihren Preis nach demselben Maßstabe. In bezug auf die, welche, sobald sie geboren waren, nicht lange lebten, erzählte er auch mancherlei, was aber hier der Erwähnung nicht wert ist. Für Ruchlosigkeit und Ehrfurcht gegen Götter und Eltern sowie für eigenhändigen Mord gibt es seiner Erzählung nach eine Vergeltung in größerem Maßstabe. So stand er nämlich, wie et sagte, neben einem anderen, der von einem anderen gefragt wurde, wo Ardiaios der Große sei. Dieser Ardiaios aber war in einer Stadt Pamphyliens schon damals vor tausend Jahren Tyrann gewesen, hatte seinen greisen Vater und seinen älteren Bruder ermordet und natürlich auch noch viele andere Freveltaten verübt, wie die Sage ging. Jener Gefragte nun, wie er sagte, habe geantwortet: »Er ist nicht hierher gekommen«, habe er gesagt, »und wird auch wohl gar nicht hierher kommen. Denn wir sahen unter anderen schrecklichen Schauspielen auch dieses: Nachdem wir nahe bei der Öffnung und im Begriffe waren, nach Ausstehung aller übrigen Leiden, herauszutreten, da erblickten wir jenen Ardiaios auf einmal nebst vielen anderen, meistenteils Tyrannen: es waren nämlich darunter auch solche, die nichts mit dem Staate zu tun gehabt, aber zu den größten Verbrechern gehörten.

Als diese meinten, daß sie nun heraussteigen könnten, da gestattete es die Öffnung nicht, sondern ließ jedesmal ein Gebrüll hören, wenn einer von diesen in ihrer Seelenverderbnis Unheilbaren oder einer, der noch nicht hinlänglich gebüßt hatte, herauszutreten wagen wollte. Da waren nun«, sagte er, »gleich wilde und feurig aussehende Männer bei der Hand, die jenen Laut verstanden, einige ergriffen und wegführten; dem Ardiaios aber und andern banden sie Hände, Füße und Kopf zusammen, warfen sie nieder, schunden sie recht, schleiften sie hernach aus dem Wege und marterten sie auf Dornhecken herum; dabei deuteten sie den jedesmal Vorbeigehenden an, weswegen sie dies erlitten, und daß sie abgeführt würden, um in den Tartaros geworfen zu werden.« Und so sei denn, sagte er, unter vielen und allerlei ihnen widerfahrenen Furchtbarkeiten am größten gewesen jene Furcht, es möchte in dem Augenblicke, da man heraus-stiege, jenes Gebrüll entstehen, und mit der größten Freude sei ein jeder, wenn es geschwiegen habe, herausgetreten.

Die Strafen und Büßungen seien also denn etwa von der erwähnten Art gewesen; die ihnen andererseits gegenüberstehenden Belohnungen beständen in folgenden: Nachdem nämlich die jedesmal Ankommenden auf jener Wiese sieben Tage zugebracht, hätten sie sich an dem achten aufmachen und von hier an weiterwandern müssen, und da wären sie dann am vierten Tage in eine Region gekommen, wo man von oben herab einen durch den ganzen Himmelsraum über die Erde hin ausgebreiteten geraden Lichtstrom gesehen habe, wie eine Säule, ganz dem Regenbogen vergleichbar, aber heller und reiner. Nach einer Tagreise wären sie nun da hineingekommen und hätten dort mitten in jenem Lichte gesehen, wie die äußersten Enden der Himmelsbänder am Himmel angebracht seien; denn nichts anderes als jener Lichtstreif sei das Land des Himmelsgewölbes, wie etwa die verbindenden Querbänke an den Dreiruderern, und halte so den ganzen Himmelskreis zusammen; an jenen Enden aber sei die Spindel der Notwendigkeit angebracht, durch welche Spindel alle möglichen Sphären bewegt würden; daran seien nun Stange und Haken aus Stahl, der Wirtel aber habe aus einer Mischung von Stahl und anderen Metallarten bestanden. Die Beschaffenheit dieses Wirtels sei nun folgende gewesen: Die äußere Gestalt sei so gewesen, wie sie der Wirtel bei uns hat; man muß sich jedoch seiner Erzählung nach ihn so vorstellen, als wenn in einem großen und durch und durch ausgehöhlten Wirtel ein anderer eben solcher kleinerer eingepaßt wäre, so wie man Gefäße hat, die in einander passen; und auf dieselbe Weise muß man sich noch einen anderen dritten, vierten und noch vier Wirtel ineinander gepaßt denken. Denn acht Wirtel seien es insgesamt, die ineinander lägen und ihre Ränder von oben her als Kreise zeigten und um die Stange nur eine zusammenhängende Oberfläche eines einzigen Wirtels darstellten; jene Stange sei aber durch den achten mitten ganz durchgezogen. So habe nun der erste und äußerste Wirtel den breitesten Randkreis, der sechste den zweiten, den dritten der vierte, den vierten der achte, den fünften der siebente, den sechsten der fünfte, den siebenten der dritte, den achten der zweite. Der des größten Wirtels sei nun buntfarbig, der des siebenten am glänzendsten, der des achten erhalte seine Farbe von der Beleuchtung des siebenten, der des zweiten und fünften seien einander sehr ähnlich und zwar gelblicher als jene, der dritte habe die weißeste färbe, der vierte sei rötlich, der zweite aber übertreffe an Weiße den sechsten. Wenn nun so die ganze Spindel sich herumdrehe, so kreise sie zwar in demselben Schwünge; während des Umschwunges des Ganzen aber bewegten sich die sieben inneren Kreise langsamer, in einem dem Ganzen entgegengesetzten Schwünge. Am schnellsten von ihnen gehe aber der achte; den zweiten Rang der Schnelligkeit hätten zugleich mit einander der siebente, sechste und fünfte; den dritten im Umschwünge, wie es ihnen geschienen, habe der vierte Kreis gehabt; den vierten der dritte, und den fünften der zweite. Gedreht aber werde die Spindel zwischen den Knien der Notwendigkeit. Auf ihren Kreisen aber säßen oben auf jeglichem eine sich mit umschwingende Sirene, welche eine Stimme, jedesmal einen zum Ganzen verhältnismäßigen Ton, hören läßt: aus allen acht insgesamt aber erschalle eine Harmonie. Rings aber säßen drei andere Gestalten in gleicher Entfernung von einander, eine jede auf einem Throne, nämlich die Töchter der Notwendigkeit, die Parzen, in weißen Gewändern und mit Kränzen auf dem Haupte: Lachesis, Klotho und Atropos, und sängen zu der Harmonie der Sirenen; Lachesis besänge die Vergangenheit, Klotho die Gegenwart, Atropos die Zukunft. Und Klotho berühre von Zeit zu Zeit mit ihrer rechten Hand den äußeren Umkreis der Spindel und drehe sie mit, Atropos ebenso die inneren Umkreise mit der linken, Lachesis aber berühre abwechselnd die inneren und äußeren mit beiden Händen.

Sie hätten nun, nachdem sie angekommen seien, alsbald sich zur Lachesis begeben. Da habe eine Art von Prophet sie in eine

Reihe gestellt; er habe hierauf aus dem Schoße der Lachesis Lose und Lebensmuster genommen, sei damit auf eine hohe Bühne gestiegen und habe da also geredet: »Es spricht die Jungfrau Lachesis, die Tochter der Notwendigkeit: Eintägige Seelen! Es beginnt mit euch eine andere Periode eines sterblichen und todbringenden Geschlechts; *nicht euch erlost das Lebensverhängnis, sondern ihr wählt euch das Geschick*[36]. Sobald einer gelost hat, so wähle er sich eine Lebensbahn, womit er nach dem Gesetze der Notwendigkeit vermählt bleiben wird. *Die Tugend ist aber unabhängig von jedem Herrn: von ihr erhält ein jeder mehr oder weniger, je nachdem er sie in Ehren hält oder vernachlässigt. Die Schuld liegt an dem, der gewählt hat. Gott ist daran schuldlos.*« Auf diese Worte habe er die Lose auf sie hin geworfen. Ein jeder habe nun das neben ihm liegende Los aufgehoben, nur er selbst nicht; ihm habe er es nicht gestattet. Wer es aber aufgehoben habe, dem sei klar gewesen, die wievieltste Stelle er bekommen habe. Hierauf habe er sogleich die Muster der Lebensweisen vor sie auf den Boden gestellt in weit größerer Anzahl als die der Anwesenden. Da hätte es denn allerlei gegeben: Lebensweisen von allen Tieren und auch, versteht sich, alle menschlichen. Darunter hätten sich nun unumschränkte Tyrannenherrschaften befunden, zum Teil lebenslängliche, zum Teil auch solche, die mitten im Leben verloren gehen und mit Armut, Verbannung und mit dem Bettelstab endigen. Auch hätten sich darunter befunden Lebensweisen von wohlangesehenen Männern teils durch Gestalt, Schönheit und außerdem durch körperliche Stärke und Kampftüchtigkeit, teils ihrer Geburt und der Vorzüge ihrer Ahnen wegen; ferner ebenfalls Lebensweisen solcher, die in den genannten Rücksichten unansehnlich waren, und ebenso habe es sich mit den Weibern verhalten. Eine Seelenrangordnung habe aber nicht dabei stattgefunden, weil es eine unbedingte Notwendigkeit ist, daß eine Seele, welche eine andere Lebensweise wählt, auch eine andere wird. Im übrigen seien die Lebensweisen durcheinander gemischt und teils mit Reichtum oder Armut, teils mit Krankheit, teils mit Gesundheit verbunden; manche lägen auch zwischen den genannten Zuständen in der Mitte. Hier ist nun offenbar, mein lieber Glaukon, für den Menschen die allergrößte Gefahr. Und deshalb muß man besonders dafür sorgen, daß jeder von uns mit Hintansetzung aller anderen Wissenschaften nach jener besonders trachte und forsche, wodurch er zu erfahren und zu finden imstande ist, wer ihm die Geschicklichkeit und die Wissenschaft beibringen könnte, eine gute und schlechte Lebensweise zu unterscheiden und aus den jedesmal wählbaren überall die bessere herauszuwählen, dabei auch wohl in Anschlag zu bringen alle unsere obigen Lehren, gegenseitige Vergleichungen und Bestimmungen in bezug auf die vorzügliche Lebensweise; ferner zu wissen, was Schönheit, mit Armut oder Reichtum gemischt, tut, und bei welcher Beschaffenheit der Seele sie Gutes oder Schlimmes bewirkt; was ingleichen edle Geburt und niedere Abkunft, was stille Zurückgezogenheit und Staatsbeamtenstand, was körperliche Kraft und Schwäche, was Gelehrtheit und Ungelehrtheit, was für Wirkungen überhaupt dergleichen ursprüngliche Eigentümlichkeiten der Seele und ihre dazu erworbenen Eigenheiten tun, wenn sie mit einander vermischt werden. Und so kann man erst nach Erwägung aller dieser Umstände imstande sein, mit Berücksichtigung der eigentlichen Natur der Seele bei seiner Wahl die schlechtere und bessere Lebensweise zu unterscheiden und dabei diejenige einerseits die schlechtere zu nennen, welche die Seele dahin bringt, daß sie ungerechter wird, die bessere andererseits diejenige, die sie immer mehr gerecht macht. Um alles übrige wird man dabei sein Herz unbekümmert lassen; denn wir haben gesehen, daß dies sowohl für das Leben als auch nach dem Tode die beste Wahl ist. Darum muß man eisenfest an dieser Meinung hängen, bis man in die andere Welt kommt, und darf auch dort von Reichtum und dergleichen Übeln nicht sich erschüttern lassen; ingleichen muß man auch auf seiner Hut sein, daß man nicht auf Tyrannenherrschaften und sonstige Geschäfte der Art verfällt und dadurch viele unheilbare Übel verübt, sich selbst aber eben dadurch noch weit größere zuzieht. Man verstehe vielmehr in Beziehung auf jene Lebensbeschäftigung die mittlere Laufbahn zu wählen und sowohl in diesem Leben hier als in dem ewigen der Zukunft die Extreme an beiden Seiten nach Kräften zu vermeiden; denn so wird ein Mensch am glücklichsten.

Und so habe denn auch damals, lautet die Botschaft aus jener Welt, jener Prophet sich ausgedrückt: »Auch den, der zuletzt hinzutritt, aber mit Vernunft wählt und mit Anstrengung aller Kräfte der Tugend lebt, erwartet ein Leben, mit dem er zufrieden sein kann, und das nicht schlecht ist. Darum sei weder der erste bei der Wahl unachtsam, noch lasse der letzte seinen Mut sinken!« Auf diese Worte habe der, sagte er, welcher zuerst gelost habe, in großer Hast sich die größte Tyrannenherrschaft gewählt; mit Unverstand und ehrsüchtigem Heißhunger sei er bei seiner Wahl verfahren, nicht mit reiflicher Erwägung aller obwaltenden Umstände, und darum habe er übersehen das damit unzertrennliche Geschick, das Essen seiner eigenen Kinder und sonstiges Unheil. Nachdem er aber mit der Zeit seine Wahl reiflicher überlegt hätte, da habe er sich darüber die Haare gerauft und gejammert und nicht die Vorerinnerung des Propheten bedacht; denn er habe von seinem Unheil nicht sich die Schuld gegeben, sondern dem Schicksale, den Göttern und eher allem in der Welt als sich selbst. Er sei aber einer von denen gewesen, die aus dem Himmel gekommen, habe in einer geregelten Verfassung sein erstes Leben vollbracht und sei tugendhaft nur durch Gewöhnung, nicht durch wahre Wissenschaft (Philosophie) gewesen. Man könne daher behaupten, daß die aus dem Himmel Kommenden gar nicht die geringste Zahl seien, die durch dergleichen Dinge geangelt würden, weil sie in Mühseligkeiten unerfahren wären, während die meisten aus der Erde Anlangenden nicht so hastig ihre Wahlen machten, weil sie sowohl an ihrer eigenen Person als auch durch Beobachtung anderer Erfahrung von Leiden und Mühseligkeiten haben. Daher denn, und auch vom Zufall des Loses, die meisten Seelen einen Wechsel von Schlechtem und Gutem erführen. Sonst könnte jemand, wenn er jedesmal, sooft er in dieses Leben käme, sich mit Ernst der Wahrheit befleißigte, und wenn ihm dann das Los zur Wahl nicht unter den letzten falle, nach den Ankündigungen jener Welt ziemlich gewiß sein, daß er nicht nur hienieden glücklich sein, sondern daß er auch seine Wanderung aus dieser in jene Welt und aus der dortigen in diese wiederum zurück auf keinem unterirdischen und rauhen, sondern auf einem glatten und himmlischen Wege machen würde. Dieses Schauspiel nämlich, sagte er, sei sehenswert gewesen, wie jede Seele sich ihre Lebensweise gewählt habe; denn der Anblick habe Mitleid, Lachen und Bewunderung erregt. Meist hätten sie nach der Gewohnheit ihres früheren Lebens ihre Wahl getroffen. So hätte man z.B. die einst dem Orpheus gewesene Seele das Leben eines Schwanes wählen sehen, indem sie aus Haß gegen das weibliche Geschlecht wegen des von ihm erlittenen Todes von keinem Weibe habe wollen geboren werden; die des Thamyris hätte man das einer Nachtigall wählen sehen. So habe man dagegen von einem Schwan gesehen, daß er sich durch die Wahl eines Menschenlebens umgestaltet habe, und noch andere sangreiche Vögel, wie natürlich. Die zwanzigste Seele habe sich das Leben eines Löwen gewählt: und dies sei die des Telamoniers Aias gewesen, welche sich durchaus gesträubt habe, wieder ein Mensch zu werden, weil sie noch immer an das Waffengericht gedacht habe. Hierauf sei die Seele Agamemnons herangekommen: auch diese habe aus Haß gegen das Menschengeschlecht wegen der von ihm erfahrenen Leiden das Leben eines Adlers eingetauscht. In der Mitte der Losenden sei Atalante gewesen, und da sie große Ehren eines kampfverständigen Mannes gesehen, habe sie nicht dabei vorübergehen können, sondern habe dieses Los genommen. Nach dieser habe man die Seele des Epeios von Panope in die Gestalt einer ränkevollen Frau übergehen sehen. Weit unter den letzten hätte man den Possenreißer Thersites erblickt, während er die Natur eines Affen annahm. Aus Zufall sei die Seele des Odysseus die letzte bei der Losung gewesen und wäre nun auch herangetreten, um zu wählen: im Andenken an die früheren

Mühen und Gefahren sei sie von allem Ehrgeize ledig gewesen, sei lange herumgegangen und habe nach dem Leben eines von Staatsgeschäften entfernten Privatmannes gesucht; mit Mühe habe sie es endlich gefunden, wo es von allen übrigen verachtet gelegen habe, und sie habe bei dessen Anblick gesagt, daß sie ebenso bei ihrer Wahl verfahren wäre, wenn sie auch als erste zu losen gehabt hätte, und habe es darauf mit großer Freude zu sich genommen. Gleichermaßen seien außerdem auch Tiere in Menschen übergegangen, und auch eine Gattung in die andere: die unbändigen in wilde und die zu bändigenden in zahme, und so seien überall Verwandlungen vorgegangen.

Nachdem nun alle Seelen so ihre Lebensweisen gewählt hatten, so seien sie in der Ordnung, wie sie gelost hätten, zur Lachesis geschritten; jene habe nun einem jeden den Genius der von ihm erwählten Lebensweise zum Beschützer seines Lebens und zum Vollstrecker seiner Wahl mitgeschickt. Dieser Genius habe nun seine Seele zunächst zur Klotho gebracht und unter ihre den Wirbel der Spindel treibende Hand geführt, um das Geschick, welches jene gelost, zu befestigen. Nachdem er diese berührt hatte, habe er seine Seele alsbald zur Spinnerei der Atropos geführt, um ihren angesponnenen Faden unveränderlich zu machen. Von hier sei er nun stracks unter den Thron der Notwendigkeit getreten. Und als er nach dem Vorgange der übrigen durch diesen hindurchgegangen wäre, seien sie sämtlich durch furchtbare Hitze und Stickluft hindurch auf das Feld der Vergessenheit gekommen. Da sei nun nichts von Bäumen und allem dem gewesen, was die Erde trägt. Hier hätten sie sich nun nach schon angebrochenem Abend an dem Flusse Sorgenlos gelagert, dessen Wasser kein Gefäß zu halten vermöge. Notwendig müßten nun freilich alle ein gewisses Maß von diesem Wasser trinken; die aber durch Vernunft sich nicht wahren ließen, tränken über jenes Maß, und wer immerfort davon tränke, der vergesse alles. Nachdem sie sich nun niedergelegt hatten und Mitternacht gekommen war, sei ein Ungewitter und ein Erdbeben entstanden, und plötzlich seien sie dann wie Sternschnuppen der eine dahin, der andere dorthin gefahren, um ins Leben zu treten. Er selbst habe nun nicht von jenem Wasser trinken dürfen; aufweiche Art und Weise er jedoch wieder in seinen Körper gekommen sei, das wisse er nicht, sondern nur so viel, daß er des Morgens auf einmal die Augen aufgemacht und sich auf dem Scheiterhaufen liegend gefunden habe…

Und so, mein lieber Glaukon, ist denn dieser Mythos erhalten worden und ist nicht untergegangen, und er wird vielleicht auch unsere Seelen retten, wenn wir ihm nämlich folgen; wir werden dann glücklich über den Fluß Lethe setzen und uns an unserer Seele nicht besudeln. Wenn wir daher meiner Meinung folgen, so wollen wir fest daran halten, daß die Seele unsterblich ist und alle möglichen Übel überlebt und alles Gute bekommen könne, wollen immer den Weg nach oben im Auge haben, wollen mit vernünftiger Einsicht auf allen unseren Wegen Gerechtigkeit üben. Und so werden wir mit uns selbst befreundet sein und mit den Göttern, sowohl in diesem Leben als auch dann, wenn wir den Kampfpreis dafür davontragen, den wir wie siegreiche Kämpfer überall einsammeln, und werden sowohl hienieden als auch in der von uns beschriebenen tausendjährigen Wanderung glücklich sein.«

Verzeichnis der Horoskope

Rudolf Steiner
* 27. Februar 1861 in Donji Kraljevec nahe Cacovec, heute Kroatien, damals Österreich, 23:15 LMT
† 30. März 1925 in Dornach

Yul Brunner (eigentl. Yuli Borisovich Bryner)
* 11. Juli 1920, Vladivostok, Russland, 6:15 LMT
† 10. Oktober 1985 in New York City (USA)

Johnny Cash
* 26. Februar 1932, Kingsland, Arkansas (USA), 7:30 CST
† 12. September 2003, Nashville, Tennessee (USA)

Stephen Edwin King
* 21.September 1947, Portland, Maine (USA), 1:30 EDT

Die Bedeutung der Erzengel

Oriphiel ♄
der Erzengel des ewigen Lebens, des Todes und des Übergangs sowie der Konzentration auf das Wesentliche
Attribute: ein Kristall, eine Posaune

Zachariel ♃
der Erzengel des Friedens, der Fülle, des harmonischen Zusammenwirkens und des Bewusstseins der eigenen königlichen und hohepriesterlichen Macht
Attribut: eine Krone

Samael ♂
der Erzengel des Mutes, der leidenschaftlichen Tat, des Abenteuers und des kreativen Handelns und des Einsatzes für eine Sache, so auch der Auseinandersetzung und des Kampfes
Attribut: die Fackel oder das Flammenschwert

Michael ☉
der Erzengel der Entscheidung, des Hier und Jetzt, des intensivsten Seins
Attribut : der Lichtspeer oder das Entscheidungsschwert

Anael ♀
der Erzengel der persönlichen Liebe, der Schönheit, des Maßes und der Freude am Leben und Dasein
Attribut: Muschel und Schleiergewand

Raphael ☿
der Erzengel der Heilung und der Lösungen, der Wegbegleiter, der Auswege und andere Möglichkeiten findet und zeigt
Attribut: Wandersandalen, ein kleines Gefäß mit Heilöl

Gabriel ☽
der Erzengel der Verkündigung des Neuen, des Wunderbaren, der Geburt
Attribut ein Lilienkelch

Über den Autor

Bernhard Bergbauer (1972) leitet die *Academia Astrologiae*, die erste deutschsprachige Schule für traditionelle Astrologie. Er organisiert internationale Kongresse zur klassischen Astrologie und ist ein enger Mitarbeiter von John Frawley. Seit 2005 gibt er das Fachmagazin *Astrologia Restaurata* heraus. Er ist ständiger Mitarbeiter der Zeitschrift *Anima Astrologiae* und schreibt regelmäßig im international größten Astrologiemagazin *The Mountain Astrologer*. Sein Arbeitsschwerpunkt neben der Ausbildung und seiner astrologischen Praxis ist die medizinische Astrologie. Außerdem ist er Programmierer des klassischen Astrologieprogramms »Mercurius« und des astrologisch-medizinisch-humoraltherapeutischen Repertorium »Herbarium Astrologicum«.
Website: www.academia-astrologiae.de

Anmerkungen

1 Ich danke Sue Ward für dieses schöne Bild.

2 Gérard Analect Vincent Encause (*13. Juli 1865 in La Coruña, Spanien; † 25. Oktober 1916 in Paris) war einer der bedeutendsten Okkultisten Frankreichs. Er veröffentlichte unter dem Pseudonym Papus eine ganze Reihe esoterischer Bücher, am bekanntesten ist seine Edition der Kabbala.

3 Dr. Encause, »Die Dreigliederung von Mensch und Welt«, http://www.hermanubis.com.br/Artigos/OutrosIdiomas/AROUDrEncause.htm, (Zugriff 5.2.2008).

4 lat. für »Kopulation vor der Geburt«. Damit ist aber nicht die Kopulation der Eltern gemeint, sondern die der beiden Himmelslichter, Sonne und Mond.

5 Wikipedia: http://de.wikipedia.org/wiki/S%C3%BCnde (Zugriff 2.11.2007).

6 Wikipedia: http://de.wikipedia.org/wiki/Tugend (Zugriff 2.11.2007).

7 Wir wollen hier nicht auf den Gelehrtenstreit eingehen, ob diese Einteilung nun tatsächlich von Dionysos Areopagita stammt oder von einem späteren Autor, dem Pseudo-Dionysios, da dies für unser Thema unerheblich ist.

8 altgriechische Übersetzung des Alten Testaments, älteste durchgehende Bibelübersetzung

9 Basilus oder Basilius Valentinus, »Von der Meisterschaft der 7 Planeten«, enthalten in: Tractat von dem grossen Stein der Uhralten, daran so viel tausendt Meister anfangs der Welt hero gemacht haben ... Leipzig, 1612

10 Maurice Le Guerrannic, Die Planetensiegel, Basel 2006.

11 Das Numinose ist abgeleitet von numen (lat. Wink) und bezeichnet nach Rudolf Otto (1869–1937) die Anwesenheit eines »gestaltlos Göttlichen«. Das Numinose steht für die Sphäre des Heiligen (losgelöst und unabhängig von jedem »sittlichen Moment«), die Sphäre der geheimnisvollen, verborgenen, unnennbaren Wirklichkeit, die mit keiner Erscheinung vergleichbar ist. Das Numinose ist das ganz andere, das sich nach Otto in einer grundlegenden Ambivalenz darbietet: Schauder (tremendum) und Anziehung (fascinosum). (aus: Wikipedia: http://de.wikipedia.org/wiki/Numinos Zugriff 2.1.2007)

12 Thomas von Aquin, Summa Theologiae – Teil 1, 113. Frage, zitiert nach: http://www.himmelsboten.de/Engel/KirchL/StThom/Sumtheol.htm (Zugriff 7.2.2008)

13 ebenda 114. Frage.

14 Die Art und Weise, wie man essenzielle und akzidentelle Würden bestimmt, finden Sie im folgenden Kapitel.

15 Planet mit den meisten Würden am AC (zur Almuten-Berechnung siehe das folgende Kapitel)

16 Cyprianus Leovitius: Lehre von der Beurteilung der Nativitäten, in: A.M. Grimm, Astrologische Aphorismen von Strauch-Leovitius, WarpeBiller 1953, Seite 55 f.

17 Diese Zusammenstellung stammt von meinem Freund und Kollegen Oscar Hofman. Ich möchte mich an dieser Stelle bei Oscar bedanken, dass er sie mir für dieses Buch zur Verfügung gestellt hat.

18 Claudius Ptolemäus, Tetrabiblos, Tübingen 2000, Seite 213ff.

19 William Lilly, Christliche Astrologie Buch 1 + 2, Tübingen 2007, S. 77–110

20 aus: Astrologie Heute Nr. 88, Dezember 2000 / Januar 2001

21 Anmerkung des Autors: Diese Frage kann man sich auch bei Jupiter stellen.

22 Auf die Berechnung des Temperaments und Verhaltensherrscher kann in diesem Buch nicht eingegangen werden.

23 Zitiert aus: Fred Poeppig: Rudolf Steiner – Der große Unbekannte. Leben und Werk, Wien 1960, S. 85.

24 Wolfgang G. Vögele schreibt: »Während die heutige Goethe-Forschung Steiners Herausgebertätigkeit den Rang einer Pioniertat zubilligt, lehnten die meisten Zeitgenossen Steiners

Goethe-Interpretationen als ›Vergewaltigung‹ Goethes ab.« (W. G. Vögele, Der andere Rudolf Steiner, Dornach 2005, S. 365). Steiner selbst räumte rückblickend ein, »dass, was ich bei Bearbeitung der Weimarischen Ausgabe in manchem Einzelnen gemacht habe, als Fehler von ›Fachleuten‹ bezeichnet werden kann.« (R. Steiner, Mein Lebensgang, Dornach 1925, S. 314).

25 Brief an Anna Steiner, Berlin, 14. Februar 1904, in: Rudolf Steiner, Briefe Bd. 2 1890–1935 (GA 39), Dornach 1987, S. 435. Zitiert nach Vögele, Der andere Rudolf Steiner, 2005, S. 76.

26 Rudolf Steiner, Die Aufgabe der Geisteswissenschaft und deren Bau in Dornach, in: GA 35, Dornach 1916, S. 176 f.

27 Mundane Konjunktionen sind Aspekte durch die Häuser, nicht durch den Zodiak. Ein Planet am AC im Solar ist in Konjunktion zu einem Planeten am AC im Radix, unabhängig davon, in welchen Zeichen sich Solar- und Radix-AC befinden.

28 Wikipedia: http://de.wikipedia.org/wiki/Rudolf_Steiner (Zugriff 2.11.2007).

29 Robert Hand, Das Große Handbuch der Horoskopdeutung, München 2007, S. 90.

30 Robert Pelletier's »Astrotext persönlich«, zitiert nach www.astro.com.

31 Johnny Cash, The Autobiography, New York 2003, S. 171.

32 Wikipedia: http://de.wikipedia.org/wiki/Stephen_King (Zugriff 2.1.2007).

33 Astrologia Restaurata, Jg. 3, Ausgabe 01/07, Seite 52.

34 Paola Zambelli, The Speculum Astronomiae and it's Enigma, Dordrecht-Boston-London 1992, S. 267

35 zitiert aus: Thomas Aquinas, The Summa Theologica, Cleveland, 1947, 1a, q 115, a4.

36 Hervorhebungen durch den Autor.

Klassiker der Astrologie

JEAN BAPTISTE MORIN DE VILLEFRANCHE

Astrologia Gallica

Buch XXI
Übersetzt von Erich Thaa, eingeleitet und kommentiert von Reinhardt Stiehle
173 Seiten, Paperback
ISBN 978-3-925100-26-0

Es ist eine Ironie des Schicksals, dass in der Astrologie heute sehr wenig über das Werk jenes Mannes bekannt ist, der ihre Deutungsgrundlagen ganz entscheidend geprägt hat: Jean Baptiste Morin, der im Jahre 1630 als Professor der Mathematik an das Collège de France berufen wurde. Das Lebenswerk von Morin trägt den Titel ASTROLOGIA GALLICA, ein mächtiger in 26 Bücher eingeteilter Foliant. Sein Ausgangspunkt ist die Lehre des Ptolemaeus, dessen Werk er aber von allen mittelalterlichen Zusätzen und abergläubischen Regeln bereinigte und mit den Kenntnissen des 17. Jahrhunderts aktualisierte. Das Kernstück seiner astrologischen Theorie bildet die im 21. Buch der ASTROLOGIA GALLICA dargestellte Determinationslehre.
Im ersten Teil des 21. Buches untersucht Morin die Theorien über den Einfluss der Gestirne. Im zweiten Teil beschreibt er sein Lehrgebäude im Detail. Dabei vertritt er die Auffassung, dass die ausschließliche Herrschaft der Planeten und Zeichen vorrangig zu behandeln sei und beschreibt alle Varianten anhand von eingängigen Beispielen.

»Die Ausgabe des Chiron Verlages stellt die erste lesbare Übersetzung ins Deutsche dar und ist schon aus diesem Grunde für den heutigen Astrologen wärmstens zu empfehlen.« *Astrologie Heute*

Standardwerke der Astrologie

CLAUDIUS PTOLEMAEUS

Tetrabiblos

Nach der von Philipp Melanchton besorgten seltenen Ausgabe aus dem Jahre 1553.

Ins Deutsche übertragen von M. Erich Winkel
Mit einem Vorwort von Thomas Schäfer
Einmalige limitierte Sonderausgabe in Samt gebunden, 300 Seiten

ISBN 3-925100-17-2

Ptolemaeus wurde um 100 n. Chr. geboren, lebte in Alexandrien als Geograph und Astronom, wo er um 178 starb. Mit seinen Tetrabiblos, was soviel bedeutet wie Buch in vier Abteilungen, vermachte Ptolemaeus der Mit- und Nachwelt ein zeitloses Dokument der Astrologie. Zahlreiche der noch heute gültigen Begriffe und Regeln wurden aus den Tetrabiblos abgeleitet. Durch seine klaren Definitionen wurde die Astrologie erstmals systematisiert. Außerdem erfaßte er alle Strömungen des astrologischen Wissens und formte sie zu einer Synthese. Auf ihn geht die Begründung des Tierkreises ebenso zurück wie die Deutung der Planeten. Die Tetrabiblos waren für 1500 Jahre die »Bibel der Astrologen«. Ein Werk von zeitloser Gültigkeit.

Es ist Ptolemaeus in seinen Tetrabiblos gelungen, aus dem Wust der damaligen astrologischen Regeln ein einheitliches, menschenbezogenes Deutungskonzept zu schaffen, wie es nach ihm bis in unser Jahrhundert keiner mehr zustande gebracht hat. Im Gegenteil, sie alle, die sich nach ihm als astrologische Autoren profiliert haben, bezogen sich immer mehr oder weniger bewußt auf ihn. Die „vier goldenen Bücher“ sollte man also auch als Astrologe am Ende des 20. Jh. kennen!

Astrolog

WILLIAM LILLY

Christliche Astrologie

Buch 1 und Buch 2
579 Seiten, Leinen, 73 Abbildungen
ISBN 978-3-89997-144-6

William Lilly (1602 – 1681) ist unbestritten der bekannteste Astrologe Englands, der zu Lebzeiten nicht nur spektakuläre Prophezeiungen gemacht hat, sondern auch zahlreiche Schriften veröffentlichte. »Christian Astrology« ist mit nahezu 1000 Druckseiten sein Hauptwerk, das mit dieser Ausgabe erstmals in großen Teilen auf Deutsch vorliegt. Den Titel hat er dem Werk gegeben, um rechtliche Konsequenzen zu vermeiden. Im ersten Teil beschreibt er sehr ausführlich die Regeln der klassischen Astrologie. Im zweiten Teil befasst er sich ausschließlich mit der Stundenastrologie mit sehr vielen detaillierten Angaben zur Prognose und vielen Beispielen aus seiner Praxis. Pflichtlektüre für jeden Stundenastrologen.

Erst einmal: Toll, phantastisch, klasse, dass dieses Buch nach mehr als 350 Jahren endlich auch auf Deutsch zu haben ist! Sodann: Aus heutiger Perspektive staunt man, was seinerzeit alles mit Hilfe der Stunden- und Frageastrologie möglich war (oder möglich schien) und was alles gefragt wurde .... Eine editorische Großleistung! Wer astrologisch-technisch für seine eigene Praxis in der Stunden- und Frageastrologie dazu lernen will, darf an diesem Buch nicht vorbei gehen.

DAV Rundbrief 2/2007

Standardwerke der Astrologie

ERIK VAN SLOOTEN

Klassische Horoskopdeutung

Würden und Aspektbildung in der klassischen Astrologie
98 Seiten, Hardcover, 11 Abbildungen
ISBN 978-3-89997-129-3

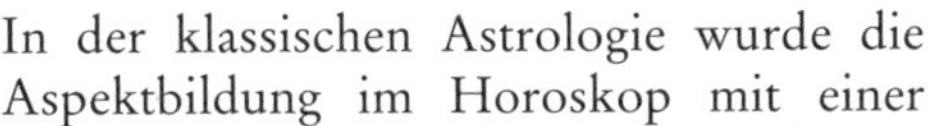
In der klassischen Astrologie wurde die Aspektbildung im Horoskop mit einer unbeschreiblichen Gründlichkeit analysiert. Das System der Würden bietet die Möglichkeit, ein Horoskop systematisch und schnell in den Griff zu bekommen. In diesem praxisorientierten Buch erfahren Sie, wie das System der Würden und die klassische Aspektbildung eine Bereicherung der heutigen Deutungstechniken darstellen können. In einem speziellen Kapitel kommt das Thema konkrete Prognose und freier Wille zur Sprache. Außerdem zeigt der Autor, wie Sie die Mond-Elektionen als schnelle Entscheidungshilfe im Alltag einsetzen können.

Das ganze Buch ist didaktisch gut durchdacht und zeigt die verschiedenen Anwendungen in einer Weise, die auch der Anfänger schnell erlernen und schnell an Beispielen umsetzen kann. Die Gefahr dabei ist, dass er Lust auf mehr bekommt. *Meridian 2/2006*

Standardwerke der Astrologie

ERIK VAN SLOOTEN

Klassische Stundenastrologie

Ein Lehrgang zum Selbststudium

Mit einer Einführung in die klassische medizinische Stundenastrologie von Sonja van Slooten

Hardcover, 200 Seiten, zahlreiche Abbildungen und Tabellen

ISBN 978-3-89997-167-5

Zunächst lernen Sie die Grundregeln der klassischen Stundenastrologie kennen. Dann macht Sie dieses Buch mit der Technik und der Deutung bekannt. Sie werden mit den essentiellen und den akzidentellen Würden und den Regeln der Aspektbildung in der klassischen Stundenastrologie vertraut gemacht. Im dritten Teil befasst sich der Autor mit besonderen Themen wie der Zeit- und Ortsbestimmung oder der medizinischen Stundenastrologie. Das Besondere an diesem Buch ist aber vor allem, dass es ein richtiger Lehrgang zum Selbststudium ist. Am Ende eines jeden Kapitels werden zu den behandelten Themen Fragen gestellt, die es Ihnen ermöglichen, zu kontrollieren, ob der Lehrstoff gut verarbeitet und verstanden wurde. Die Antworten finden Sie im Anhang des Buches.

Standardwerke der Astrologie

MICHAEL UHLE

Die Fixsterne

Ihre Bedeutung in der Astrologie
226 Seiten, Hardcover
ISBN 978-3-89997-156-9

Der Nachthimmel hat die Menschheit schon immer fasziniert und so ist es naheliegend, dass die Deutung der Fixsterne eine der ältesten Methoden der Astrologie ist.

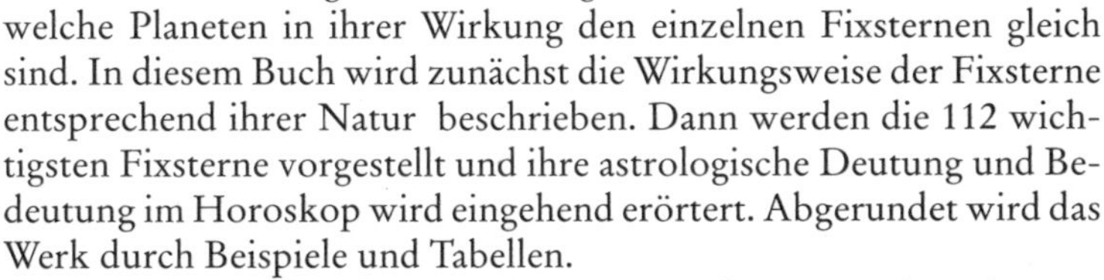

Durch Beobachtung hat man festgestellt, welche Planeten in ihrer Wirkung den einzelnen Fixsternen gleich sind. In diesem Buch wird zunächst die Wirkungsweise der Fixsterne entsprechend ihrer Natur beschrieben. Dann werden die 112 wichtigsten Fixsterne vorgestellt und ihre astrologische Deutung und Bedeutung im Horoskop wird eingehend erörtert. Abgerundet wird das Werk durch Beispiele und Tabellen.
Manche außergewöhnliche Vorkommnisse, die Sie aus den Planeten allein nicht genügend erklären können, werden Sie durch die Einbeziehung der Fixsterne erklären und begründen können.

Standardwerke der Astrologie

ROBERT HAND

Traditionelle Astrologie

Ganzzeichenhäuser –
Tag- und Nachthoroskope
184 Seiten, Hardcover, 10 Abbildungen
ISBN 978-3-89997-157-6

Für einen Astrologen der Spätantike war die wichtigste Frage bei der Interpretation eines Horoskops: Wurde der Horoskopeigner bei Tag oder bei Nacht geboren? Dieser Frage geht Robert Hand nach und zeigt anhand seines ausführlichen Quellenstudiums, welche Deutungsvielfalt in diesem Ansatz liegt. Im zweiten Teil befasst er sich mit dem ältesten Häusersystem, den Ganzzeichenhäusern. Auch hier zeigt er anhand von sonst nur schwer zugänglichen Quellen, wie sich die astrologischen Häuser entwickelt haben.
Beide Methoden werden mit Horoskopbeispielen untermauert, so dass Sie unmittelbar den praktischen Nutzen für Ihre eigenen Deutungen erkennen können. Durch die gelungene Synthese aus Klassik und Moderne hat Robert Hand ein wegweisendes Buch für die Astrologie der Zukunft geschrieben.

»So wird dieses kleine Buch eine Fundgrube für Deutungsansätze, die für viele moderne Astrologen so neu wie aufschlussreich sein dürften. Es regt an zum eigenen Forschen und Experimentieren, handelt es sich ja um Konzepte und Techniken, die unmittelbar und ohne weitere Berechnungen aus dem Horoskop erkennbar sind.« *Meridian*

Standardwerke der Astrologie

DR. BERNHARD FIRGAU

Praxisbuch Mundanastrologie

502 Seiten, Hardcover, 65 Abbildungen
ISBN 978-3-89997-153-8

Die Mundanastrologie betrachtet politische und gesellschaftliche Ereignisse unter astrologischen Gesichtspunkten. Dies ist das bislang ausführlichste Handbuch, das zeigt, wie man Staaten, Regierungen, Parteien, Städte, Bauwerke, Firmen, Fahrzeuge und deren zukünftige Entwicklung mittels der Astrologie untersucht. Lernen Sie die unsichtbaren Codierungen menschlichen Handelns in der Welt kennen. Transite über die Horoskope politischer und technischer Ereignisse offenbaren die unauslöschlichen Spuren, die der Mensch künftigen Generationen hinterlassen hat. Zahlreiche Beispiele aus allen gesellschaftlichen Bereichen illustrieren die dargestellten Prinzipien. So können Sie mit diesem Handbuch sehr schnell einen Bezug zu Ihrer eigenen alltäglichen Wirklichkeit herstellen.

Schwerpunkt dieses Werkes nach diesen hochinteressanten methodischen Grundlegungen ist aber eine systematische Deutungslehre, die alle Horoskopfaktoren und deren Kombinationen mit prägnanten, eingängigen Texten vorstellt – und ihrem ganz spezifischen Bedeutungsgehalt eben für die Mundanastrologie! So entsteht ein komplettes Lehrbuch und Nachschlagewerk, das man umso mehr schätzt, als fast jede Aussage mit mehreren Fällen belegt, mit beispielhaften Deutungen illustriert wird. *Astrologie Heute Nr. 128/2007*